我從
天空飛過：
國語文教學與日常

許育健　著

五南圖書出版公司 印行

序
關於語文素養
與日常的這些那些

上邪！

吾欲與君相知，

長命無絕衰。

山無陵，江水為竭，

冬雷震震，夏雨雪，天地合，

乃敢與君絕！

• • •

遇見這首漢樂府，是在我大一那年，

那次我上課遲到了，找個位子匆匆坐下，

映入眼簾的，

就是這些字句，被清楚的刻寫在教室桌子。

短短數言，卻感受到情真意切。

那時，我的腦海充滿了想像，

這位學長或學姐，

應該在追求愛情的路上，

苦無告白的時機或勇氣，

那天，也許窗外正下著雨。

語文，是日常，

偶爾搖身一變，

則以文學的面貌現身，

直入我們內心的世界。

而現今，言必稱素養，

然，何謂語文素養？

依十二年國教課綱及相關文獻歸納可知其最簡要的定義為：

以聆聽、口語表達、閱讀與寫作等語文綜合能力在日常生活

中，適切應用於語文相關問題解決時之知識、能力與態度。

因此，語文教學的目標乃在於：

讓學生能學習語文，也透過語文學習，能解決語文的問題（比

如標點符號的適切運用），或以語文更進一步在生活情境中解

決相關問題（如何寫出一份出色的宣傳品），甚至活用於創新

應變、人際互動、美感陶冶、媒體素養等方面。

此書乃承接前一本論著《聽，鯨在唱歌：素養導向國語文教學

設計實務》（五南出版，2020年），在究析語文素養的定義、

原則之餘，並分別以聆聽、口語表達、注音符號、識字與寫

字、閱讀與寫作等不同語文學習表現，兼論古典詩文教學、國語文與教育科技之應用等，呈現國語文教學設計的各個面向，供語文師資培育相關課程及現職中小學國語文教師作為實務運作之參考。

在完成《鯨》之後，筆者除了任教的國語文教育相關學科課程之外，依然持續於中小學教學現場分享與服務。在此過程中，總能得到許多學生或教師真切的回饋。

於是，透過不同社群平臺或書報媒介，我便陸續針對某些主題進行一些簡明的分享；此外，本書亦集結這兩年在研討會或期刊發表的專論，重新梳理，形成一篇篇專題，對教材、教學及評量等不同層面，提出相關建議與想法，期待對於現場教師的觀念或作法上能稍有助益。

您一定很好奇，為何書名是「我從天空飛過」呢？

這是引自印度詩人泰戈爾《飛鳥集》裡的一句話：

I leave no trace of wings in the air,

but I am glad I have had my flight.

天空沒有翅膀的痕跡，但我慶幸已然飛過。

語文既是生活的日常，

我們以語文表達對世界萬物的理解，

也以語文理解未見未知的人事景物，

從學習語文，抑或透過語文學習，

我們總能感受到這萬千美好，

也體悟天地方宇的悲歡離合。

我們理當慶幸，我們因語文相伴日常，

使語文不僅是基本溝通與理解的工具，

更能沉浸文學帶來的觸動，

亦能透過語文涵育人文的素養。

值是，

本書之末，即選錄幾篇筆者的生活小品，

全書的形式也以較自由輕鬆的形式呈現，

拙筆羞澀，然而，這即是真切的生活，

以語文瞥見生活的一隅。

此書獻給同樣熱愛語文的您。

CONTENTS

目 錄

CONTENTS

遇見
語文教材

稟經以制式，酌雅以富言，
即山而鑄銅，煮海而為鹽。
　　　　——劉勰《文心雕龍·宗經》

透視國語文教材

　　國語文教材設計，尤其是師生人手一本的教科書，其設計一直是被視為「神祕」的過程。我有幸於多年前受邀擔任國小國語文領域教科書的召集人，多年來點滴的歷程，也許有值得分享之處。

　　以下邀您進入國語文教材設計的歷程回顧，也許可觸發您對國語文教材更多的想像與理解。

教科書的設計理念

　　編寫團隊剛成立時，我曾以召集人的身分，撰寫一篇內部文件向團隊成員說明課文及習作的編寫方向與重點：

　　　國語教科書的架構基本上以「課文」、「知識」、「練習」與「輔助」（生字／插圖）四大系統所組成。課文求精求美，是我們致力追求的目標；知識系統參考課綱要求及學生經驗依序安排（如字詞、句型、標點符號、閱讀策略等），通常安排在課文之後的語文綜合活動（如語文百寶箱、統整活動等）；「練習」則體現習作及相關簿冊的練習安排；至於「輔助」系統即是在上述內容之外的相關美編、插圖設計，或學習的提示（如

將「我會寫字」的生字第一筆套色）等。全書在教師作者及專業編輯的細心調校之下，依語文工具性學習的基本要求與標準，呈現完整的學習規劃。

其中，關乎學生語文能力建構的「練習系統」其設計原則值得關注。

練習系統，其用意在於組織或設計一些語料或語法規則，讓學生聚焦此課或此單元的學習重點。由學習原理得知：「簡單的事，重複做，就會形成能力」，所以，我們會設計一些內容讓學生用各式各樣的方式來練習字、詞、語、句等內容。然而，重複練習還需要兩個元素，才能讓語文教材的品質提升，一個是「趣味」的設計，一個是「漸進」的學習。

首先，談趣味的設計。趣味是語文教材的調味料，少了這些味，雖有營養，但難以下嚥。故維持學習的重點，變換學習的形式，使其具有趣味，是重要的思維。

其次，是漸進的內容。有一本關於課程與教學領域的專書——《重理解的設計》（Understanding by Design, UbD）[1]，主要的觀念是以易理解的淺語說明與明晰設計，來漸進釋放

1　Wiggins, G. P., & McTighe, J. (2005). *Understanding by Design*. [electronic resource]. Alexandria, VA : Association for Supervision and Curriculum Development, c2005.

其學習內容。其中，示範（presenting）與提示（hinting）很重要。

最後，關於練習內容的延續與進階。由於我們都是分課或分單元在召集人的指引或提示下，交由不同老師著手設計練習內容。編寫設計的過程中，則請編輯同仁同步整理老師們設計的重點，整合成一個表格。我們會不斷回顧檢視這些練習內容的延續性與進階拓展，讓語文能力以一份完整的學習地圖呈現。

其後，我們在確認編寫原則之後，便開始進行一冊約18個月的教材選編工作。低年級的課文主要由兒童文學作家在識字及語文認知原則引導下撰寫，中、高年級則漸漸加入選文。以下是低年級課文編寫原則說明。

根據十二年國教國語文課程綱要之基本理念，其要義為：「理解本國語言文字，培養語文能力；經由閱讀、欣賞各類文本，開拓生活視野、關懷生命意義；再經由研讀各類經典，培養思辨反省能力，理解文明社會的基本價值，開展國際視野。」簡而言之，即培養學生「多元文本識讀素養」，以理解語文，並透過語文理解世界。

依此，第一學習階段教材乃規劃「三合一」整合式多元文本，讓學生在每一學期的兩個學段，透過兩組整合式多元文本，培養學生「多元文本識讀素養」。

　　三合一分別為：故事體、主題類、獨立長文。

　　每個孩子都愛看故事，故事類文本可引發學生主動閱讀的動機，並提升對敘事文本的理解能力。其次，依主題並列的文本，可讓學生分別閱讀各篇看似獨立的文本，經由主題統整其核心議題，培養學生之批判思考能力；最後，獨立長文可補足過去因課文短小，內容不易有深淺層次的遺憾，加上本次課綱亦建議教材宜增列長文，以培養其不同面向之讀寫能力或閱讀策略，另某些重大議題亦可以長文帶入，讓學生拓展思維，亦可領略文學之美。

　　依文本的特性不同，應有不同的教學重點：

1. **故事體**：以敘事為主的文章，宜由文本趣味性切入，透過聆聽、口語表達引出學生閱讀經驗，讓學生感悟文章帶來的趣味。並漸次指導字詞句等工具性學習內容或方法，這是屬於基礎語文教學的模式。

2. **主題類**：可由單元主題的試說探究開始，再進行單篇字詞篇

章的梳理，最後回到主題，也可引導體悟貫穿單元的「議題」，這是進階的語文學習，亦屬比較閱讀的範疇。

3. **獨立長文**：可以有較多的語文內容與形式的變化，有利於高階語文素養的生成。選文或編撰的方向以「文學性」為重要考量，在題材上可更為寬廣多元，如名家選文、科普閱讀等。

由於十二年國民基本教育課程綱要國語文領域的基本理念，賦予語文教育極高的期望——語文是社會溝通與互動的媒介，也是文化的載體。亦即，國語文是基本能力，也是各領域學習的基礎。

因此，國語教科書的核心目標為：「希望讓學生依持教材所呈現之語文知識、技能與態度，讓學生能透過語文認知世界事物，透過語文學會做事，透過語文學習如何與他人相處，更重要的是透過語文知能之習得，可安然順利的在社會上應用，以滿足生存之基本需求。」

又，國語教科書以長遠視之，應以培養學生具有「語文素養」為目的。所謂素養導向語文教材設計，即是於教材中布置「生活情境」，融入與習得「語文知識」，延伸至語文相關之

「問題解決」，並應用相關「學習策略」於跨域的學習之中。

說明如下：

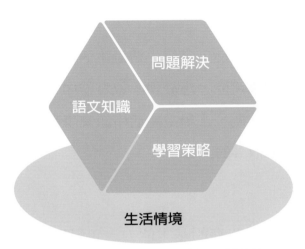

圖1　素養導向語文教材設計原則

❶ 生活情境

　　文本教材的選擇或相關的練習，皆建構於實際可能發生之
語文「生活情境」，讓學生的生活經驗與文本能銜接整合，讓
語文相關知能皆可「還原」為生活中的各種大小事，充分展現
「語文無所不在」的特性。

❷ 語文知識

　　無論「素養」一詞如何被詮釋或定義，語文基礎的學科
知識，例如字、詞、句、段、篇等，依然是語文素養堅實的基

礎。因此，在教材的各項練習中，即透過教師的引導或師生的互動，讓學生理解「語文知識」的內容，依然有其必要。

❸ 問題解決

語文既然來自生活，當學生透過生活情境理解了語文知識的各種面貌，如果可能，應於課本或習作中，布置學生可能面對或存在相關的問題，讓學生能活用語文學習的成果，來解決自身相關，甚至他人的問題。

❹ 學習策略

語文既是社會生存的基本能力，也是跨域學習的重要基礎。語文諸多學習策略的習得，也可應用於其他學習領域的學習。惟有學習策略，方能讓學生在未來面對類似情境或問題，遷移活用，讓學生不僅是「學習語文本身」，也能「透過語文學習」，充分發揮「語用」的語文教育目的。

素養導向的國語文教材，可以如何呈現？

以下以翰林版教材內容為例，說明素養導向相關設計。

❶ 語文知能：字詞句相關內容序列規劃，務求均衡與循序

在十二年國教國語文領域課綱中，語文的學習內容分為文字篇章、文本表述及文化內涵三類。語文知能的初始，除了逐

課學習、積字成詞、累詞成句等序列學習外，教材特別重視不同學習階段的學習要點。

以寫字為例，先求「正確」書寫；再往字形「工整」前進，同時也可帶入認字的方法，讓學生從已知到未知，例如透過多一筆、少一筆，乃至以象形（簡單的造字原理），加深學生對字詞的印象。諸此，所有的字、詞、短語、句式都以循序漸進的原則編製內容。

下圖以「第一筆」的辨識與書寫為學習目標，於教材中妥善設計，從認知到練習鞏固，形成基礎的語文知能。

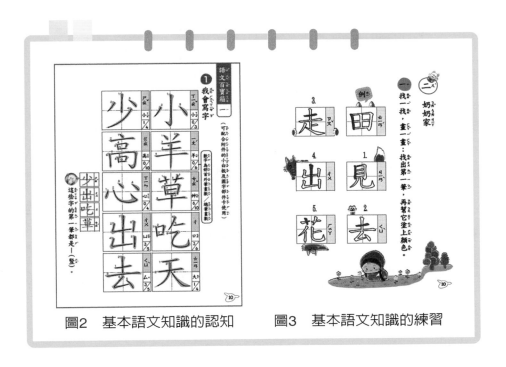

圖2　基本語文知識的認知　　　　圖3　基本語文知識的練習

除了國字的學習，詞語的學習亦是國小低年級的學習重點之一。下圖呈現出句中詞語結構的現象，並以具象的「積木」引導學生思考有無「類疊」所形成語句意思及表達上的差異。

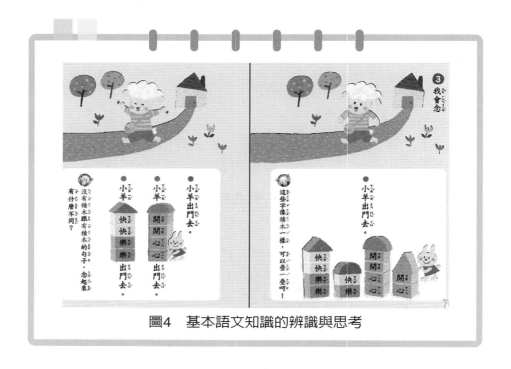

圖4　基本語文知識的辨識與思考

❷ 生活情境：以生活經驗編撰相關文本，切合認知發展

　　國語文教材應以語文重要基本知識為軸，於編撰教材的過程中，亦應考量教材與學生生活經驗的連結。

　　因此，從主題的訂定，乃至於課本及習作內容的編寫，皆以生活經驗密切連繫為原則。

茲以第一冊三個單元為例，第一單元「長大了」緊緊扣連
學生剛入小學，面對學習與生活方式的變化，並以三課的連續
性文本（故事體）符應學生喜歡敘事文本的心理需求。

圖5　與生活經驗關聯之語文教材設計1

第二單元「問問題」則體現學生對各項新鮮事物的好奇心，於此以不同內容、相同主題的文本，提供學生多元的經驗連結。

圖6　與生活經驗關聯之語文教材設計2

最後一單元「過新年」（來閱讀）更是密切結合即將到來的春節習俗，讓學生可觀察生活，並以語文展現生活。

圖7　與生活經驗關聯之語文教材設計3

❸ **學習策略**：應用語文相關策略於其他領域的學習，學以致用

　　依當代的語文辭典的釋義，「策略」一詞乃指「計畫或謀略」，是一種預於未發之時的想法或計畫。

當學生面臨與語文相關的生活情境時，應能先「思考判斷」，其次「選擇運用」相關知識或方法，最後方可「問題解決」。

因此，國語文教材在課文內容或習作練習的設計，皆重視相關方法與策略的理解、操作與應用。

期盼學生在語文所習得之策略，亦能觸類旁通，應用於其他學科領域之中。

依十二年國教課綱之各項學習表現分析可知，無論於聆聽、口語表達、識字或閱讀理解，乃至於寫作等方面，皆有相關的學習策略，例如：

3-I-3 運用注音符號表達想法，記錄訊息。

4-I-2 利用部件、部首或簡單造字原則，輔助識字。

5-I-6 利用圖像、故事結構等策略，協助文本的理解與內容重述。

例如，國語首冊為讓學生學習注音符號的書寫，即透過視覺化的設計，讓學生知道以筆畫或部件的增減策略來學習新的符號，達到「以舊帶新」、「舉一反三」的學習效果，如下圖。

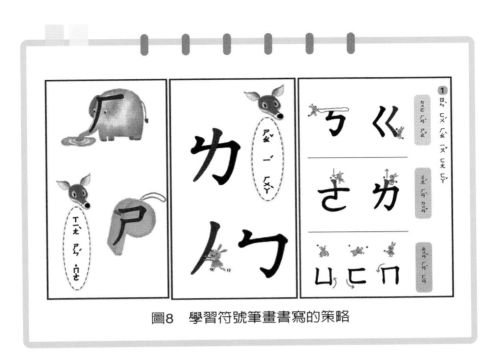

圖8 學習符號筆畫書寫的策略

圖9 符號書寫的原則

④問題解決：應用語文於生活中解決可能遇到的問題

語文學習於生活中的應用十分廣泛。

無論是聆聽、口語表達或閱讀寫作。

在教材中的語文統整練習，設計了許多學生於課堂所學的知能，鼓勵學生即時或適切的應用。

如下圖的聆聽與口語表達學習「聽一聽、說一說」，在練習聽說之後，特別要學生能試著「把老師的話再說一遍」，確保溝通表達的效果。

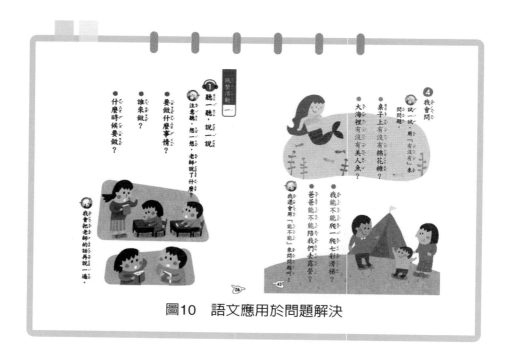

圖10　語文應用於問題解決

◎跨域整合：作為其他領域「理解」與「表達」的基礎與媒介

　　語文可概分為語音與文字二者，當學生在學習諸如數學、社會、自然、健康與體育、藝術與人文，乃至於綜合活動等學習領域時，聆聽與口語表達的能力，即可協助他進行以「語音」為媒介的學習。

　　同樣的，識字、閱讀與寫作能力，即可顯現在以「文字」為媒介的學習歷程上。因此，語文作為不同學習領域理解與表達的重要基礎，不言可喻。

　　以翰林版教材第一冊習作所列的一首詩為例：「一去二三里，煙村四五家，亭臺六七座，八九十枝花。」

圖11　語文與數學整合的設計

上述教材希望學生學習一二三等中文數字其筆畫的書寫；然而，此詩的引導即包含了一至十的數字序列概念，煙村亭臺等社會文化知識，與花朵相關的自然領域的內容。

圖12　語文與社會整合的設計

　　亦即，語文本來就是各學習領域整合與呈現的最佳媒介，語文學習的同時，亦可適時進行其他學習領域的學習。

　　總而言之，素養導向的教材設計原則，乃以生活情境、語文知能、學習策略、問題解決為基本方針，並可適時、適度進行跨域整合設計。

在不同教材位置之中，能適時給予學生一些提問或提示，協助學生建構以語文解決問題的能力。簡要整理如下，或許可供教師設計國語文教材的參考。

1. **語文知能**：字詞句相關內容序列規劃，務求均衡與循序。

2. **生活情境**：以生活經驗編撰相關文本，切合認知發展。

3. **學習策略**：應用語文相關策略於其他文本的學習，學以致用。

4. **問題解決**：應用語文於生活中解決可能遇到的問題。

◎ **跨域整合**：作為其他領域「理解」與「表達」的基礎與媒介。

當教學慣性遇見新教材

在多場的國小「新」教材諮詢會議之後，除了感謝許多現場老師給予寶貴的建議，更多的是我自己的省思。

首先，在教材設計方面，大部分的老師對於教材通常是「喜舊厭新」，對教材的意見往往是新、舊課文或統整練習比較得來，較少是因為新課綱的內容或取向對應而來（比如，較少老師以「素養」的觀點進行分析）。

所以，似乎印證了市場市占率與「教學慣性」呈高度相關的現象。

其次，在教學重點方面，多數的老師「重字詞、輕句段」，例如，看到生字，比較會想讓學生多造詞，累積語料；而不是先處理課文「本詞」的意義，也就是「句中詞」的理解。

於是，老師們傾向支持過往國語課文「生詞」套色的設計，學生看到有套色的詞就圈起來，便完成句中詞的教學。（試想，這樣的圈詞動作，學生就能理解詞義嗎？）

此外，某些老師會讓學生在底下田字格的字（習寫字）旁，造出各式相關的詞語，並寫在旁邊。

　　如，本詞是「豐」富，學生就寫了豐盛、豐年、豐原（？）……於是，課文的教學重點會落在「辭典式」的語料積累。

　　其實我不反對如上「擴詞」的學習（多學一些總是好的），但，可否「先」處理課文中如「王師傅有豐富的經驗。」的「豐富」的意思是什麼？類詞有哪些？可以用這詞造句嗎？等基本「語用」的理解與表達。

　　換言之，應先以「隨文識詞」進行教學，再視時間及效益再適時處理「造詞」的延伸活動。

　　最後，在學習引導方面，國語文課本主要的知識系統乃呈現在課文之後的語文百寶箱或語文花園之中。

　　大部分老師較習慣過去「知識條列式」的形式，比如，某個字共有多少字音或有多種意義，或者某標點符號（如分號）的定義及共有幾種用法等。

相對的，以素養導向、重理解的學習設計，反而較少被重視。

例如，大部分教師期待多些「句型」的照樣造句，讓學生念一念，反覆套用即為學成。（如以「即使……，也……」造句練習。）

若以「語文理解與應用」的角度來設計，則較傾向站在學生的角度思考，於是，較佳的方式會是呈現類似的句子並列，供學生比較與思辨。

如：

房子很小 V.S 房子小得像盒子

小河很細 V.S 小河細得像絲帶

*比一比，這兩個說法有什麼不同？（加上了想像力。）

於是，不同版本的教材設計會反映編輯者對課綱的認知與解讀；同樣的，解讀教材與使用教材也顯示出教師對語文的理解。

課綱實施多年了，教材也陸續依年更新出版，但教師對

語文教學的認知似乎未有相應的研習系統協助老師學習與更新（目前大部分的教師研習都比較停留在理想面與理論性的探索）。

　　誰來關心新教材的設計理念及使用方法？畢竟，教師終日與教材為伍，應知己知「彼」，方能讓新教材發揮最佳的效果呀！

你可以不必這麼忙，語文老師

某老師分享他的教學歷程令人印象深刻。

翰林版國小二年級的第三單元是「美食故事多」，其下有三課，分別是：神奇竹筒飯、不一樣的故事、美味的一堂課這是典型的單元主題文本，又因其敘事的特質（同一脈絡的故事），而形成的「連續性敘事文本」，具有可分課教，亦可整體閱讀的特性。

許多師生皆反應喜歡其敘事性，因為沒人不愛看故事，又可搭配預測或推論等相關閱讀策略。

此外，這是三篇選材與「美食」有關的文章，於是老師分享她為了這三課的教學，便和學年老師共同準備了艾粄、竹筒飯，還特別邀請家長來教室現場製作越南春捲，親師生吃得熱鬧，可開心了！

聽了老師的分享，內心當然很感佩，能為國語課做了這麼多準備。

不過，我也分享了我對國語文教學的看法。

語文，尤其是文字，是以抽象符號來代替具體事物或概念，本質上，是「抽象思維」轉化理解的歷程，無論是識字、識詞、理解句段都是。

　　換言之，語文教學重要的任務是：透過字詞句讓學生「想像」，在腦海中建構某些意義化的形象。

　　比如，我一提到「汽車」，你的腦海應該會出現某種具四個輪子的交通工具，雖然思考歷程不盡相同，但將文字符號轉化為思維或想像，乃是語文學習重要的歷程。

　　回到前述的情境，我不反對老師提供具體實物或各式影片、圖片以提供學生直接經驗或間接經驗，但應在「文句充分理解」之後，再提供學生想像後的驗證或對比，則是比較合宜的方式。

　　例如，「原來竹筒是我們的鍋，也是我們的碗。」（師：為何課文會這麼寫呢？）

　　「客家人會在清明節吃艾粄，不但好吃，又可以保平安。」（師：艾粄和保平安兩者有什麼關係呢？）

「有了故事，越南春捲更美味了！」（師：這裡的故事是指什麼呢？）

由上例可知，語文學習的重點不在於什麼是什麼，更重要的是，「為什麼」是什麼。

咀嚼文句，比品嚐美食更重要唷！

學語文從讀故事開始：
連續性敘事文本

前文曾提及教材中關於連續性敘事文本的設計概念，於此再詳談此設計的重要性（畢竟對臺灣教科書而言，這算是創新的設計）。

自翰林版一年級第一冊伊始，規劃了「連續敘事文本」（三課）、「單元主題文本」（三課）及「閱讀理解文本」（一課）等三類文本，每冊兩次的教材覆現；此教材設計旨在讓學生循序漸進，透過不同類別的文本及練習引導，培養多元文本識讀能力。

其中，「連續敘事文本」（每冊的第一單元與第三單元）尤有特色。

每位孩子都愛看故事，而連續敘事文本的本質即是故事。

此類文本可促發學生「主動閱讀」的動機，並提升對敘事文本結構與內容的理解能力。

如第一冊第一單元「長大了」，即分別以「小小羊」（小小羊吃小草，期待自己長大）、「奶奶家」（小小羊找好友小白兔一起去奶奶家）及「種花」（小小羊和小白兔陪奶奶種花）三課爲一連續性的長文，以引導學生提升長篇故事的閱讀能力。

　　到了第二冊則編列了「交朋友」（小花狗／找春天／和春天一樣）、「好朋友的筆」（借筆／數不完的泡泡／兩張卡片）等。二年級的課文架構依然保持此體例，以形成教材體系的一致性。

　　國語文教材本以語文重要基本知識爲軸，於是在編撰教材的過程中，特別考量教材與學生生活經驗的連貫性，連續敘事文本自不例外。

　　從主題的訂定，乃至於課本內文的編寫，皆以密切連繫學生生活爲原則。

　　例如第一單元「長大了」即緊緊扣連學生初入小學，面對學習與生活方式的變化，以符應其心理需求。

　　此類的連續敘事文本在教師的「語文教學」上，同樣具有創新性的意義。

由於這三課的故事脈絡是相同的（相同的主角、類似的場景），其中的情節變化（或心情變化）值得師生共同討論。

　　因此，教學建議以「總—分—總」的方式進行，即可高效的進行此單元的教學。

　　例如，教師可先以「邊讀邊猜」的預測策略，帶領學生三課一起瀏覽，讓學生知道故事的梗概（大概占一節的時間）；接著，再依老師的習慣「分課」講授字詞與文意探究，由於故事脈絡清楚，此部分教學將可較有效率並流暢的進行（每課應可減少一節的時間）；最後，再次以「故事結構」理解策略（起因、經過、結果），整體回顧三課的內容，並延伸至相關議題的討論（如怎麼和別人溝通），就時間而言，三週可以簡省二至三節課，以內容來說，則可享受類似「章回小說」的閱讀樂趣，此教材特色主要的目的就是為了達成：學生樂學、教師好教的目的。

　　無論教改的方向如何，教科書始終是師生重要的夥伴，各版本嶄新的教材設計，總是希望能為師生的教與學盡一份心力。

遇見
語文教學

莫聽穿林打葉聲，何妨吟嘯且徐行。

竹杖芒鞋輕勝馬，誰怕？一蓑煙雨任平生。

料峭春風吹酒醒，微冷，山頭斜照卻相迎。

回首向來蕭瑟處，歸去，也無風雨也無晴。

——蘇軾〈定風波〉

語文教學的理性與感性

　　討論任何的教學方法之時，總會喚來「教雖有法，但無定法」的警語；然而，語文教學真的是隨心所欲，各尋其妙嗎？

　　在多場教師研習與交流的過程中，對於現場老師表達自己語文教學立場與認知的差異，（一人一把號，各吹各的調）有些分享令人佩服，當然也不乏令人詫異的方法或技巧，總驅使我想去了解其後的原因或原理。

　　在我無法進行科學性的探究之前，便會回顧自己語文教學知能習得的歷程，並思考理性與感性之間，如何取得平衡。

　　自師院畢業，到現場教學的第一天起，我便深感過去自己學習歷程的努力不夠，在紛亂的教學事務（含班級事務）中，每天幾乎都是窮於「見招拆招」的應付。

　　經過幾個月後（或者一個學期）才建立起班級經營與課堂教學的節奏。

　　那時的備課，大抵是自己依週次看課本與習作，再看看教師手冊有什麼補充與提示，日復一日，當一天和尚，敲一天鐘。

反正這課上完了，最快也是兩年後再見，反正學生考完了，給個成績就算完成任務。

　　我比較在意自己（下班後）的生活是否充實愉快，學校，就是一份工作吧！

　　一直到任教幾年後，對單調的學校生活感到乏味，聽說讀碩士班可以有兩個半天的公假（外出讀書），畢業還可以加薪，這麼好的事，怎不令人心動呢。

　　於是我去讀了課程與教學研究所，才發現，自己有多麼的無知，也對於以前教過的學生，感到抱歉。

　　另外，在研究所畢業後，又因緣際會進入臺北市國語輔導團擔任輔導員，在馮永敏教授的指導下，透過一次又一次的團務輔導活動，我見識到羅華木校長、連寬寬校長、龔淑芬校長、鄒彩完校長、邢小萍校長、蘇蘭老師、敏麗主任、麗瑩主任、秀芬老師等語文名師的專業表現，內心深感惶恐，那些日子，我除了不斷進修學習（再接著讀博士班），幾乎所有語文教材教法的書（羅秋昭、陳弘昌、何三本、李漢偉、陳正治……），我都反覆讀了無數遍；也費了許多心思去理解國語文課程標準、課程綱要（也看了其他國家的課綱）接著再廣泛

探究閱讀教學、寫作教學研究等專書與論文，最後博士論文以國語文教科書設計為主題，形成我對國語文教學的理路架構。

即便如此，時至今日，我依然大量的閱讀語文教學相關新知（當然，這也是我的工作基本要求），作為自我精進的方式。

回顧這些自己走過的歷程，我終於可以比較體諒的心，理解現場教師在班務繁忙、多樣科目的授課之餘，還要持續專業成長，是多麼不容易的事。

然而，對於教師的語文教學專業成長，我還是有些感觸與想法。

我認為語文教學專業，即便有「感性」的一面存在（比如文學或議題的探究與思考），但基礎的語文工具性教學知能，仍有其「理性」的專業認知（如識字與寫字的不同、閱讀策略教學步驟的明示性、寫作教學的歷程與指導等），而且，這些是硬功夫，要有條理、有序階、須持續學習與課堂實踐。

以目前多數學校週三下午安排單場的語文研習，實在很難讓老師建立起語文教學的系統知識架構（比如理解什麼樣的孩子應該有什麼語文能力，教什麼、怎麼教、如何評量等）。

學校應規劃系列性的研習，或由師培大學開設國語文教學學分班，讓老師能好好的學一「套」，而不是學一「招」，或者，老師們可多自我進修語文相關專業書籍，新的書固然要積極買入、主動閱讀（請支持出版社），但以前買的書，也可以再看幾次，有時溫故亦可知新。

　　多閱讀，總是好事。

備課分析之三不教

關於我在談「國語文教學設計」時提及的「三不教」，簡單說明一下。

無論哪一個學習領域，教學內容皆貴在「精」與「實」；惟有「精實」，教學設計方能切其核心並充分引導。

國語文教材的文本分析，一直是語文教師核心的專業能力之一，但我常發現的現象除了某些教師文本分析的能力有待加強之外，我其實也怕教師的專門知識太豐富，以至於教學內容呈現「深、僻、難、孤」等狀況。

話一多，教學時間也不夠，只好讓自己催促進度，學生也就跟不上了。

因此，我常提醒我的師培學生，文本分析的結果固然可豐富多樣，然在備課時應以課綱的「學習重點」為經、「學生經驗」為緯，挑出「三不教」。

學生學過的（可檢視過去教材及目前學生狀況），不教；學生學不會的（明顯超過該學習階段知能者），不教；別的學科領域會教的（某些學科的專門知識），也不教。

經此篩選，再轉化成各項難度不一的學習任務（或提問），即可讓教學內容更為精實與精準。

　　當然，每個孩子的程度都不一樣，但若能預先設定難易適中的教學內容，則是教師的備課要務之一。

　　若行有餘力，可再思考教材差異化與教法差異化的可能，（但這真的很不容易，尤其在大班教學中）教學效能則可更為提升。

詞語教學：先識詞，再造詞

詞語，是指「詞」加上「短語」（詞＋詞，也稱詞組），兩者合稱之。

（來，請翻開《聽，鯨在唱歌》[2]第五章P.109-110，可先複習一下，再往下看）就語法而言，詞是最小的具體意義單位，也就是在文章理解的過程中，應指導學生理解「詞」義，而非「字」義。

詞，大部分是二個字以上所組成，如熱鬧、市場、勸說、討厭、左閃右躲。

當然也有一個「字」作為「詞」的，如鬥、理、閒、臉、紅、人，這些一個字所形成的「詞」，意義相對完整，也可獨立使用，也可以和其他詞形成短語，例如：大「仙」、太「閒」、不「理」人，這在語法上，我們稱之為「單詞」、「單字詞」或「單音節詞」。

總之，它還是「詞」，具有表義的功能。

2　許育健（2020）。聽，鯨在唱歌：素養導向國語文教學設計實務。臺北市：五南。

換個角度來說，以現代語用而言，有些字並沒有明確的字義，並不適合「單字的字義」教學，再者，在由字成詞的過程中，會產生意義的變化，如「熱」（溫也）＋「鬧」（不靜也）不等於「熱鬧」（形容一種狀態），甚至會有詞義不相干的情況，如課文中的「討厭」與「討」字並無相關。

　　因此，若只執著於教「字義」，有時反而會離題且費時（你常常會覺得教不完吧）。

　　依此，關於詞語教學，應分為兩個方向來處理：「識詞」與「造詞」。

　　識詞是指導學生「理解詞義」，再進行句意的理解，終成段篇理解。

　　造詞是「由字成詞」，或「由詞成短語」，屬字詞的延伸學習。

　　再依語文字詞的教學理路而言，（請參閱《鯨》的第二章P.28-29及第五章P.110-111）應「先本後擴」，也就是先進行「隨文識詞」的教學（生字所帶的「詞」，如問「候」、心「胸」、友「情」、復「活」等），讓學生知道課本文句中詞語的意思，再由詞義知句意，完成句子的理解教學，進而

段篇的概約文意。（這大概是國語課第一節與第二節的教學內容。）

通常，完成課文大意（含基本詞義）的理解後，老師就會進入「識字與寫字教學」的程序了。

識寫字教學主要的學習材料是課文後接頁的「我會寫字」，各版本在此部分都會有大大的田字格，分別標示生字的字音、筆順、筆畫數、部首等訊息，老師會先指導字形的特點或難點，對「字形」進行仔細的辨識認知，並配合課後生字甲乙本作業進行精熟學習，才完成寫字教學。

然而，識寫字教學的方法並非單一不變，應視字的「屬性」因應調整。

舉例來說，在教學的過程中，若教師判斷該字是屬「高頻字」，經常會和其他字形成詞組或短語，就會介入「造詞」延伸學習，以擴展其字詞的理解。

例如前述的「熱」、「鬧」，可先問問學生於從生活經驗中，有沒有聽過與「熱」或「鬧」相關的詞語，學生可能會說「熱情」、「熱心」或「吵鬧」、「鬧鐘」等，您只要簡要回應是否為此字所形成的詞即可，不必太花時間解釋（否則你會

解釋到天荒地老）；再者，如果要提升學生詞語延伸能力，可讓學生查找字辭典，挑出他「能」理解或「似乎能」理解的詞來口頭分享（或作業上的自主學習），也許他們找出「熱血」或「鬧區」等延伸詞語。

但，再重申一次，勿過度延伸，否則上完識寫字，就不知何年何月了。

總結一下，詞語教學應分兩階段處理：「概覽課文」時，對於課文生字所帶的詞（就是生詞），進行詞義的理解，以翰林版教材為例，可先讀句，再看下方所列詞語，確認詞語的讀音與詞義，請學生可往上用鉛筆圈找出詞語的所在位置，再回顧句意。

完成後，再進行下一句段瀏覽。

「識寫字教學」時，確認字音、字形，再依其構詞頻率（所以不一定每個字都要造詞練習）進行造詞延伸學習，可依學生經驗簡要提及，或於課後自主作業擴充學習。

詞語教學，上承句意學習課文本詞，擴延構詞增學新詞，若能應用良善，謂之素養。

識寫分流，隨文識詞

有些老師拿到翰林版二年級的課本，發現課文的版面與一年級有些差異，尤其在底下的「生字」，怎麼變成了「詞語」？

身為此教材的主編設計者，試說理念與理由，也有助於大家對於識字原理與教材設計有更進一步的了解。

一般常說的識字教學，其實包含了「識字」與「寫字」。

識字是指字音與字形的「辨認」與可能字義的「理解」，寫字則是指學習者經由腦海中已存字形的印象提示，以正確的筆畫與合理的筆順，讓字形「再現」。

換言之，識字是對觸及字形時，對字音、字義的辨識與理解，寫字是對基於字形回憶後的再次展現。

就目前諸多認知心理學相關研究顯示，「認識」字的音義和形態，與把字再現「寫出來」，是不同的心理歷程（類似「會看戲」與「會演戲」是不太一樣的事），依此，識字是寫字的基礎，也是無庸置疑的。

若由十二年國教國語文領綱「識字與寫字」學習表現中，各學習階段的第一條來看：

4-I-1 認識常用國字至少1,000字，使用700字。

4-II-1 認識常用國字至少1,800字，使用1,200字。

4-III-1 認識常用國字至少2,700字，使用2,200字。

4-IV-1 認識國字至少4,500字，使用3,500字。

你一定發現了此處不斷出現了「認識多少字，使用多少字」的句型，「認識」即是「識字」，乃指學生於文句中字音與字義的理解；「使用」則是除了音與義之外，還包含「寫字」的能力。

由此可知，原本「識寫合一」的文字學習觀念，在基礎教育階段，漸漸轉化成「識寫分流，識多寫少」的學習觀。

理論說完了，來談談教材設計。

眼尖的老師可能發現課文下方呈現是「詞」，不是「字」。

這其實就是識寫分流，併加「隨文識詞」的設計理念。

我們為符合較佳的學習原理——「先識後寫」，在課文下方只呈現供識字所需的字音與字形，並以「詞」的形式呈現，至於與「寫字」有關的部首、筆順、筆畫等內容則是放在課文後語文百寶箱的「我會寫字」集中學習。

你一定會問：課文下方為何不放「字」就好，而是放「詞語」？

來吧，請你環視週遭的事物（比如在高鐵車廂），「高雄」、「方向」、「餐桌」、「公斤」、「手機」、「玄關」、「列車長」……你會發現現代漢語的最小意義單位大多是二字以上的「詞」，而不是「字」。（比如，單一的「方」或「向」沒有充足的意義，「方向」才有具體的意思。）因此，課文的字旁標注了字音，可幫助學生辨識字的音，底下的詞，由生字附帶其他字所組成，當老師引導學生閱讀時，則可由上下文與句子的理解，進而理解「詞義」，乃至於「字義」。

此般設計，就閱讀理解與識字（字音／字義）而言，具有重大學習意義，可達成「易學好教」的目標。

最後一個問題：為何一年級課本是在課文下方羅列個別生字，而不是詞？

那是爲因爲閱讀的基礎是識字──沒有一定的識字量，就無法自主閱讀。

　　這也是爲何翰林版一年級的課本會逐課皆列生字，讓學生能在最短時間內集中聚焦學習漢字的形、音、義，建立方塊字的基本認知，也爲往後的閱讀奠定紮實的基礎。

　　識寫分流、隨文識詞可理解乎？

四字詞語與成語

　　近年來，因學校或縣市的需求，審閱了許多國語定期評量的內容。

　　我發現，與四字詞語（或成語）相關的題型占了大量「詞語」類的評量內容，換言之，許多師長偏好評量學生對四字詞語的理解，乃至於表達。

　　有些觀念，有待釐清。

　　首先，「四字詞語」不等於「成語」。

　　四字詞語是一種熟語，或稱慣用語，因我們經常使用而形成的一種固定詞語。

　　例如，三三兩兩、歡天喜地、席地而坐、裝神弄鬼……成語，則是帶有典故，通常源自於古代典籍中的語錄或故事，經常具有深刻的文化意義。

　　例如，刻舟求劍、畫蛇添足、杯弓蛇影、毛遂自薦、開天闢地等……當然，成語也是一種熟語，也是四字詞語的一部分。

基於語文學習的兩大目標—理解與表達，我當然不反對評量中出現這類的內容；但，我反對「過量的」評量四字詞語或成語，甚至在詞語評量的向度，就只有四字詞語或成語。

　　主要的理由是：

　　無論四字詞語或成語，都是「精緻簡要的語料」，就如同我們生活中常見「濃縮果汁」或「懶人包」，可便利且快速的使用，達到簡易表達的目的。（雖然某些時刻，這樣很好用，比如，像你這樣，我真是無言以對了。）然而，語文的表達乃追求濃淡有依、詳略得宜的表述；有時要精要簡白，有時則是要描摹刻劃，抑或是娓娓道來。

　　若只一味的要求簡要語言的使用，就會導致學生常說：

　　「這實在是筆墨難以形容……」（明明就是詞窮^_^）。

　　結論是，建議師長們除了評量四字詞語的理解與表達之外，也應該評量其他在理解與表達時更常使用的詞類，例如，動、名、形、副、數、量等實詞，或連詞、助詞、嘆詞、代詞等虛詞；或者同形詞、同音詞、上下位詞、類詞等……可評量的詞語範疇實在太多了！

簡言之，四字詞語有其重要性，但其他詞類的教學與評量亦不可偏廢！

比如我曾在臺東機場看到片段語句，沒有使用四字詞語，依然覺得很美好，不是嗎？

「幾經輾轉回到故鄉才發現，
　　衝浪是我的初心所在
　　我與海浪共舞，在都蘭」

——Hana 阿美族　衝浪人

教「句子」，
還是教「句型」？

我認為，「句子」在語文教學中，是基礎語文之中，最為核心的教學目標。

因為，所有聽、說、讀、寫，最基本的意義理解與表達單位，就是句子。

然而，句子教學，並不等於句型教學。

當語文教師面對語文教材時，經常只找「句型」供學生練習，反而忽略了最基本的「句子理解與表達」，學生只會「仿」，而不知「為何仿」，其實無助於句子表達的學習。

句子的理解是指學生能「讀懂句子」，其基本知能為「詞語」與「語法」。

詞語是構成句子的材料，如房子的木石磚泥，需要長期積累習得；語法則是構成句子的方法，如房子的結構安排與建造工法。

但，以本國語文為第一語言學習者（也就是母語是國語的學生們），一般口語語法其實不必教，他們從牙牙學語的階段開始，就已經隱然習得基本的語法（如中文的主謂結構「小牛玩遊戲」與非主謂結構「玩遊戲」），除非是進階到古典詩文，尤其文言文用字精簡，又有古今異義的現象，有時必須透過基本語法（如詞性、構句）的分析，較易取得理解。

簡單說，在基礎語文教育階段，詞語要積累，語法則待有需要才教。

句子的基本理解不難，通常只要知曉句子的「詞」（不是字，詞才是最小的意義元素。如「電腦」，不是電或腦）或「短語」（如踩影子、閃閃發亮）的意義，單句的理解並不難；除非在上下文語境中，另有含意的句子才需探究，但這大都屬段篇理解的範圍了。

我想特別說明的是，句子的表達（就是俗稱的「造句」）。

曾經有師長向我反應：課文中沒有句型怎麼教造句？

我們先來談談句型是什麼。

大部分的老師對句型都不陌生，尤其是關係複句的句型，如又……又……（並列）；因為……，所以……（因果）；雖然……，可是……（轉折）；越……，越……（遞進）；只要……（條件）；如果……（假設）等等句型，就是一個模子，把詞語套入，就會顯示出「特定強調」的意思。如：

因為你愛我，所以我愛你。
（說明事實，強調因果先後）

只要你愛我，我就愛你。
（尚未發生，強調條件要求）

雖然你愛我，可是我不愛你。
（說明事實，強調轉折或相反的意義）

句型看似好用，但這畢竟是「套路」，是方便使用的「框架」；如果一直使用，句子表達就會顯得死板不靈活。（你應該很受不了那些常掛著「因為」、「然後」、「可是」的小孩吧！）

那，句子和句型又是什麼關係呢？為何我們應教「句子」，而不是只教「句型」呢？

可以這麼比喻：

句子是屏東，句型是墾丁。（啥？這是什麼東西）

來說明一下句子與句型的差異。

的確，句子是包含句型，句型只是句子學習的一小部分。也就是說，墾丁不能代表屏東，墾丁只是屏東的一小部分。（其實東港、潮州、三地門也都很不錯喲！歡迎來玩！）

先說句子。

句子分為單句與複句，單句可分為「什麼是什麼」、「什麼怎麼樣」及「什麼做什麼」三類基本句型，由主語（通常是名詞或代名詞）加謂語（由動詞領銜，或「是」字句，或形容詞）所形成。（另有「非主謂句」，指只有短語或單詞所形成的非完整句。）

比如，小牛哭了，就是由小牛（主語／名詞）＋哭了（謂語／動詞）所組成。

如果是小牛急得「哭了」；小牛痛得「哭了」；小牛氣得「哭了」。

句意重心則分別轉成：小牛急；小牛痛；小牛氣，其導致

的結果都是「哭了」。

結構是主語＋謂語（急、痛、氣）＋動詞性補語。

由此可知，句子的學習，由「組詞成句」開始；也就是無論說句子或寫句子，都先由「詞語造句」開始。

尤其在低年級階段，要多讓學生應用習得的詞或短語，練習構句。

如學到「一下子」或「立刻」，就可以練習：春捲「一下子」就包好了。

我「立刻」就懂了。

所有的詞語造句中，最有練習價值的是「動詞」、「名詞」，可快速構成句子，如：白鵝唱歌。

其次是「形容詞」、「副詞」、「數詞」、「量詞」、「介詞」、「助詞」等，可讓句子內容更豐富，如：池裡一隻白鵝快樂的在唱歌。

最後才是「連詞」（關聯詞）、「嘆詞」、「象聲詞」、「語氣詞」等，讓句子的表達更豐富完整，並呈現所期待的語文效果。如：

你看，池裡白鵝伸長脖子，對著天空，「鵝、鵝、鵝」快樂的在唱歌。

當然，這也已經是「複句」了，以下接著說。

複句可分為簡單複句及關係複句。

簡單複句就是由幾個單句所組成，表示意思或事件的連續。如：

小牛動作非常慢，小馬踩到他的耳朵，小花狗踩到他的腳，小牛急得哭了。

關係複句，則是加上關係複詞（或稱關聯詞），表示強調某種事件關係。

如並列、因果、轉折、遞進等。（如前所舉的例子，不再重述。）

這是「最明顯的」句型，如：

小羊轉身問大家要不要再玩一次，「可是」沒有人說好。
玩遊戲「要」守規則，「才能」玩得很開心。

另外，也有一些較不明顯的句型，主要由特定常用詞語所組成，可供仿句。如：

我「會」遵守規則，「不會」再隨便生氣。
小星星聚成一朵又一朵發光的雲，「真是」美麗呀！

換言之，句子的表達練習，不應由「句型」開始，而是基本「單句」的「加一加」（擴句）或「減一減」（縮句）的分析與練習開始。

其次，再練習把句子寫長（接句），或者換句話說（改句），接著，為了應用便利，再學習一些慣用「句型」，仿形式填內容（仿句）。

最後，為了求句子的多元變化，於是有了一些基本「修辭」的練習，以呈現出最佳的語文表達目的與效果，如類疊、譬喻、擬人、排比、誇飾等。

在此作為小結。

句子表達的學習，應由「組詞成句」，單句的練習開始。

其次，為了豐富其句子內容，由單句擴為複句，可運用接句、改句練習，為了便利運用與強調意義，即可使用「句型」來協助。

最後，若有「同義變化」的需求（想帶給讀者不一樣的感受），則可試著適切使用某些修辭技巧，增加句子的表達效果。

　　句子教學，比較全面；句型學習，僅一隅也。

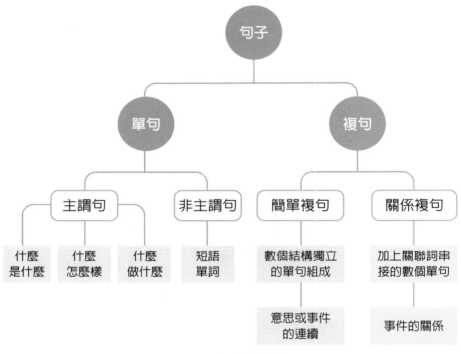

圖13　句子的類別

你會要求學生背課文嗎？

如題，基本上我不會；除非它有積累的價值，比如經典詩文（包含白話與文言），而且，在記背之前，會進行充分的理解。

以個人多年於國語文教科書研究與編撰的經驗而言，大多數的教材文本都是為建構學生的語文知識、能力而服務，或作為文學探究、文化探討的材料。

亦即，課文是語文學習的「媒介」，而非以記誦其文為終點目的。（試想，你會因為不記得某些篇章內容，此生因此感到遺憾，或困頓難言嗎？）

也許你會想起有句話：「讀書破萬卷，下筆如有神」，似乎有助於「寫作」或「口語表達」。（想像某些人能出口成章，凡事引經據典……。）

但這句話不完全正確。

因為，「讀書」不等於「背書」——

讀書重理解，甚至通透其意旨，進而得悟新知；背書則多偏於「勉學強記」，較偏被動要求，也容易遺忘。

尤其於認知上，「知之者不如好知者，好知者不如樂知者。」（孔子其實也走認知論的路線。）

如果學生是被動的背書，不如主動的背書／讀書；主動的學習，若能加上樂趣或動機，學習內化方有其益。

也就是將篇章有意義的「內化」，再伺機「轉化」於其他情境，方能「活化」，以達成「語用」的目的，這也是語文素養展現的積極意義。

順此，如果有些經典詩文或語句（包含成語），希望學生能背起來，應基於「意義理解」與「轉化應用」，知其所以，再輔以寫作之「引用」、「仿寫」或「改寫」等策略，記背文句方有其意義。

總之，背書或有語料累積的必要，但應「背之有道、背之有理」呀！

閱讀的策略，或套路

在一場研習的對話過程中，某老師分享他用的閱讀教學法是：「審、佈、解、扣、合」。

我眼睛睜大，問這是什麼？（研究閱讀多年，竟然沒聽過這方法，太孤陋寡聞。）

他說，這是一種讀課文的方法，幾乎有八九成的課文都可以用這種方法解讀。（我內心突然有點悲傷，原來我們花很多時間選編各式結構的篇章，被這一招就輕易破解了⋯⋯這先不說，回到話題。）

我問，這是哪位學者專家提出的呢？老師想了一下，說是南部某次研習聽到的。

他還接著延伸說明，南部和北部的「派別」不太相同，比如北部叫學思達，我們南部就是學習共同體⋯⋯。（我已經聽得模模糊糊了。）

嗯，好，我說，我回去再找找相關文獻看看審佈解扣合是什麼策略方法。（其實我事後有搜尋一下，期刊論文網似乎沒有⋯⋯。）

回想此事，我不禁想起我在2016年出版的《高效閱讀：閱讀理解問思教學》[3]一書中曾提及，策略和方法並不相同：

策略是一種計畫、謀略，預於未發，也就是在閱讀前就在心裡打算好的方法；方法，是指具某種邏輯或程序的系列性技巧，比如摘要，應梳理句段重點，再擇取語句或刪除不重要的訊息，最後進行文句整合。

兩種較之：相同處是，皆有程序性的具體操作；相異處則是，策略目標是讓學生了然於心（主動），而方法可能受引導操作（被動）而完成任務。

在教學實務上，先教「方法」，使之內化，久之，即形成「策略」，甚至是習慣。

然而，「套路」呢？

方法、策略會希望學生知其然，並知其所以然；套路，則只是讓學生機械式的模仿操作，並不需要讓他知其所以然。

這兩者，時間一久，就有差別了。

您的閱讀教學，是策略、方法，或套路，也許值得想一想唷！

---

3 許育健（2016）。高效閱讀：閱讀理解問思教學。臺北市：幼獅。

劇本教學

FB 社團夥伴詢問如下：

請問中年級課文中出現的故事劇本跟相聲劇本在學習內容篇章方面是屬於故事或是現代散文呢？

而高年級出現的兒童劇，會以什麼形式出現呢？

劇本是特定功能性的應用文本，簡單來說，是用來演戲的工具之一。（主要是給導演、演員、劇組看的材料。）

以現代文學的發展而言，劇本後來漸成為現代詩、小說、散文及戲劇四大文學類別中，戲劇作品的形式之一，例如莎士比亞的劇本，明代的劇本牡丹亭等。

中小學語文教科書會採納劇本為讀本，一方面是為了文學欣賞（敘事文本的形式之一），另一方面就是讓劇本成為與表演藝術結合的媒介。

因此，回應上述的提問，故事劇本是為故事的演出而服務，相聲劇本是為了相聲演出而服務。兒童劇也有劇本，是以兒童為角色，以兒童相關題材為內容或場景而編製的。

就教學的面向來說，劇本的指導可分為三階段：

1. **閱讀理解（劇情內容的理解）**：可透過齊讀、分角色讀等方式，理解故事的人物、場景脈絡及情節變化。

2. **形式探索（劇本格式的解讀與辨識）**：劇本大體可分為「科」與「白」。科是表情、動作或態度，白是對話、獨白或旁白。當然，為了讓劇組人員（就是擔任道具組的同學）能知道每一幕的場景布景變化，也會在幕前寫下相關配置安排。這些都會轉化成劇本形式閱讀的重點。

3. **實踐表演（體會與感受）**：劇本除了閱讀的功能之外，千萬別忘了它主要的存在目的——為表演而服務，因此在小學的課堂上，不免透過上述二階段的理解，應讓學生有實際演出的機會，感受文字與表演之間的轉化與呈現。

諸此可列為教學的重點。

一首詩的往返之間：
中小學現代詩教學

　　詩，與散文、小說、戲劇被視為四大類文學體裁之一，代表其於現代文學中的重要地位。

　　因此，自小學低年級開始，就會出現童詩，或以兒歌形式、富音韻的文本作為課文，讓學生及早接觸這自由、開放、富想像力的文學體裁。

　　以下內容旨在探究中小學現代詩的教學原則與設計，在討論教學實務之前，先就常見的「詩」類，簡單的討論與辨析，以利後續的探討。

現代詩，相對於古典詩

　　筆者所指的「詩」，大抵以「現代詩」為主，輔以小學的「童詩」作為語文教學的材料。

　　首先，「新詩」乃相對於「舊詩」而言，大致上以民國初年作為分野。

其次，所謂的「白話詩」（亦可稱爲「語體詩」），乃以接近口頭語言的書面語創作而成，主要是相對於用字精鍊、典雅的「文言詩」而言。

至於「現代詩」與「新詩」的差別，由於現代詩乃相對於「古典詩」而言，因此廣義來說，現代詩與新詩兩者的定義相仿。

然而，以詩學研究的角度而言，多數學者較支持現代詩始於紀弦在 1953 年前後創立「現代詩社」，並主張新詩應具有「現代主義」的精神，重新定義詩的形式與表達，其後並有「現代詩派」（重現代精神）、「藍星詩派」（較尊重傳統的延續）及「創世紀詩派」（較關懷社會、政治）等，才正式開展了現代詩的時代。

於是，狹義的現代詩就被視爲二十世紀中葉才開展的文學體裁，並與新詩有了較明確的區別。

以下所討論中小學教材中的「現代詩」，其實不限於二十世紀中葉以後，諸如徐志摩、卞之琳、楊喚等人的詩作，乃採較廣義的現代詩，即與所謂的「古典詩詞」相對的文學體裁；此外，也包含了童詩——在兒童文學範疇下的新詩表現題材。

現代詩的三大特徵

欲進行現代詩的教學，必須先理解現代詩的幾項特徵，方能進一步解析與掌握這項文類的教學核心。

早在民國初年，胡適即提出關於新詩的幾項特徵，包含：打破五言七言的格式、打破平仄、廢除押韻等，顯然此特徵是針對古典詩比較而來的。

若根據後來學者所歸納，現代詩相對與其他文類，則有形式是自由的、內涵是開放的，對「意象」的經營重於字句的修辭等特質。

直至今日，現代詩也因時代的流轉與社會變遷，諸家面貌如百花齊放，各門各派各有所好；

然而，現代詩本身所呈現的簡約、含蓄、凝練、節奏等，則是此類文本的共同特徵。

尤其，由象（具象內容）推意（深刻意涵）的「意象」使用，輔以變化多端的外在形式安排，善用誇飾與對比的手法，以「跳躍」創造感受衝突的表達方式，則是進行現代詩賞析時可關注的重點。

總之，現代詩的三大特徵：精鍊的文字、豐富的意象、深刻的意涵，應可作為教學時的三大探究軸線。

現代詩在國語文領綱的位置

既然要討論現代詩的教學，那就必須探究作為中小學教學指引的十二年國教國語文領域課程綱要相關內容。

筆者檢索與現代詩教學的相關敘述，其實提到的內容不多，分述如下。

在學習表現的部分，「聆聽」的項下分別提到了第二學習階段「1-I-3 能理解話語、詩歌、故事的訊息」及第二學習階段「1-II-3 聽懂適合程度的詩歌、戲劇，並說出聆聽內容的要點」。

另外，則是出現在「寫作」項下第二學習階段「6-II-5 仿寫童詩」及第三學習階段「6-III-4 創作童詩及故事」。

在學習內容方面，則在「篇章」項下，呈現：「Ad-I-3 童詩」、「Ad-II-3 童詩」、「Ad-III-3 童詩」、「Ad-IV-2 新詩」、「Ad-V-2 新詩」等。

此外，領綱提及教材編選，則指示第四學習階段的選材應包含古今散文、古典詩詞曲選（含本土素材）、現代詩選……等。

甚至第五學習階段要求「每學年至少應選一課現代詩歌、一課古典詩歌」的基本要求。

綜上所述，於國語文領綱中，小學由「童詩」開始，並以聆聽感受其音樂節奏、想像與趣味，並由閱讀進展到寫作的仿寫與創作；至中學伊始，即探究「新詩」於精鍊文字與豐富想像之外的「意象」，讓學生領略其中深刻的意涵，乃至於相關議題的探討。

素養導向教學原則

關於現代詩的特徵與在國語文領域綱要中的地位要求，筆者已於前略有探述。

以下則以素養導向原則為依，呈現中小學現代詩教學的設計思路，供師長參考。

筆者曾於《聽，鯨在唱歌：素養導向國語文教學設計實務》一書中提及，所謂的素養導向，乃指於十二年國教課綱基本理念中，賦予語文教育的期望──語文是社會溝通與互動的

媒介，也是文化的載體，而素養導向語文教學設計，其定義乃為：教師進行國語文教學設計時，應擇取合適的語文素材（例如本文所指的現代詩），於教學中布置合宜的「生活情境」，以其中呈現的基本「語文知識」為基礎，採用適合的「學習策略」（主要是閱讀理解策略），應用於與學生相關的「問題解決」之中。

詩歌具有豐沛的抒情、以文字表達深刻意涵的功能，在進行教學設計時，可充分體現讀者「素養」之所在。

現代詩教學三部曲

基於素養導向的教學原則與相關閱讀理論，筆者初擬現代詩教學的三部曲——基礎閱讀、深入討論與自我交融，這即課堂引領學生進入現代詩世界的三個學習歷程。

其中，主要參照 L. M. Rosenblatt 的讀者反應理論：「讀者乃主動參與建構意義，而非被動接受；意義不存在於文本當中，相反的，意義是只存在於讀者的心靈，此乃讀者與文本交流的結果。」以及「每個讀者的理解具有差異，每個人的知識與經驗背景都是獨特的；因此，讀者的閱讀理解歷程，包含了辨識、融入、描述、解釋、評價、共鳴、回應、反省等。」

於是，現代詩的教學，除了字句的基礎理解之外，更要帶領學生深入討論，讓學生得以自身經驗對詩句描述、解釋與評價，其後更進一步走入共鳴、回應與反省的自我交融階段，一首詩的往返才得以完成。

　　以下將以相關詩句呈現教學的具體示例。

首部曲：基礎閱讀

　　小學階段關於詩的教學，始於童詩相關篇章。最基礎的任務，是能讀懂詩的意思。如〈時間是什麼〉（林武憲），這首詩的主題是時間，學生要能理解此詩傳達「時間是相對性的，每個人的感受皆不同」的主要詩意。

　　童詩基本上是以「淺語」書寫而成，單句理解不難，成段的詩意是主要理解的重點。

中學的詩，依然以淺白的語言呈現，但詩人往往將其意旨建構在具體的形象畫面之下，隱然成為詩的主要理解的重點。

　　建議先讓學生以不同的方式默讀、朗讀數次，以自身的理解說出整首詩所描述的畫面及主述重點，如國中教材〈跳水〉（艾青）。

　　教師可問：「這首詩主要描述了什麼？」學生應可回應此詩在描寫跳水選手從準備至入水的瞬間畫面。而選手跳水，也代表了青春的無畏。

　　又如高中教材〈斷章〉（卞之琳），教師問：「這首詩的兩個句子，分別說了什麼？」顯然這每個句子都呈現了畫面，由具象乃至於抽象，遞進展現。

總之，此階段主要任務為理解與想像，以基礎的語文理解能力接近文本，擷取詩段或詩篇的大意，在腦海中建構畫面，接受作者所傳達的形象表徵。

二部曲：深入討論

　　關於討論，美國賓州大學莫菲教授（P. Karen Murphy）倡導深度討論法（Quality Talk），將問題分為測驗式提問，有固定與單一答案；追問式提問，接續別人的看法提問；感受式提問，閱讀後連結個人生活經驗；推測式提問，閱讀後思考各種可能；歸納式提問，檢索並對文章內容摘要；分析式提問，以個人觀點為內容進行分析或分類；連結式提問，將文本連結自身知識或其他文本等七類的提問。

　　教師可善用這七類的提問，引領學生進行個人思考、兩兩討論或小組討論。

如國中教材〈一棵會開花的樹〉（席慕蓉），當學生進行完基礎閱讀後，教師可提問諸如：

♦ 這首詩主要在描述什麼樣的情景？（歸納）

♦ 閱讀這首詩，其內容可以分為哪幾個部分，理由為何？（分析）

♦ 讀這首詩有沒有讓你想起讀過的哪篇文章或詩歌？（連結）

♦ 讀完這首詩後，有沒有讓你想起什麼事？（感受）

♦ 如果你接寫這首詩，可能有什麼後續的發展？（推測）

詩的本質是開放的，除了基礎的語文理解外，透過教師的提示、引導或提問，學生應可以自身相關知識或經驗進行分析或詮釋。

此階段主要的任務在於「意象」的探索，基於語句內容與架構形式所形成的「象」，讓學生進而探求其「意」。甚至可以詩評的角度，思考若覺得這首詩寫得好，那好在哪裡？

亦即教師在此過程中，以關鍵詞引導與提示，先由WHAT，到HOW，並時時追問WHY，讓學生走進詩的意境之中。

三部曲：自我交融

以素養導向的語文教學設計而言，所有的語文教學都是教師先提供閱讀文本的相關經驗，可能是學生的經驗，也可能是作者的相關背景，即課文的前導語、題解或作者介紹，讓學生有進入文本的基礎。

其次，以基礎閱讀、深入討論帶學生更進一步走入文本深層的世界，探求詩文的意境與涵義。

最後，則是帶領學生走出文本，凝視文本，產生某些連結或感受，以至開啓「自我對話」的第三階段，例如，高中教材〈愛的辯證〉（洛夫）。

　　尾生與女子期於梁下，女子不來，水至不去，抱梁柱而死。——莊子 盜跖篇

　　式一：我在水中等你
　　水來我在水中等你
　　火來／我在灰燼中等你

　　式二：我在橋下等你
　　非我無情／只怪水比你來得更快
　　一束玫瑰被浪捲走／總有一天會漂到你的手中

文學的美好，即在於每個人都可以產生個殊化的經驗，並帶來不同的感受。

　　這首詩始於引用莊子的一則小故事，並以「式一」鋪陳描繪，景象鮮明；其後以「式二」呈現出相同情景下，不同的抉擇。

　　孰是孰非，對何者方是「愛」，提出了辯證，供讀者自己尋求答案。

　　在課堂中，對於詩，教師只是個引水人，讓學生進入詩的世界。

　　然而，當學生離開詩的世界，應該也觸發了自我相關經驗的交融與想像。

　　教師在此階段，可以提問：「你對這首詩有什麼看法，你的立場又是如何？」

　　也可以提示學生以書寫表達個人感受或觀點，甚至形成一篇關於自我思索的散文。

詩的自由與開放，是其不變的特質。

　　現代詩的教學，不是給答案，反而是讓學生藉此觸動，衍發更多的疑問，對自身的過去、現在或未來，有了更深層的思考。現代詩值得學生細細品味，並看望人生。

科技融入國語文教學

當科技遇見國文，學生應有什麼能力

依教育部於 107 年發布之十二年國教課綱〈技術型高中〉階段的課程目標而言，大抵分為以下五項[4]：

1. 掌握學習國語文的基本方法，建立發展國語文能力應具備的知識。

2. 透過聆聽、閱讀掌握各類文本表述的要素，並運用於口語表達與寫作，使學生能發展思考和見解，注重理性和感性的溝通。

3. 理解古今多元文化，進行議題探究與思辨，以形成面對生活、社會、職場的反省力與創造力。

4. 認識國語文在智慧傳遞、文化創新上的價值，借助於當代科技，啟發學習動能，善用以國語文開拓眼界、關懷並改善世界的力量。

---

4 教育部（2018）。十二年國民基本教育課程綱要〈技術型高級中學篇〉。臺北市：教育部。

由上述目標可知技術型高中的國語文學習目標依其學習內容三大面向——文字篇章、文本表述與文化內涵，分別列述其重要的學習目標。

　　值得注意的是，第4項提及國語文應「借助當代科技，啓發學習動能，善用以國語文開拓眼界、關懷並改善世界的力量」。

　　換言之，前三者爲「學習語文」的目的，第4項即明示語文學習應借助「科技」於其他學習領域或學科的學習，進而拓展個人視野、認識與關懷世界。

　　於此，依本文之主題想像之，當科技遇見國文課堂時，國文教師應如何看待科技與國文的關係，甚至善用科技輔助教學、促進學習，這顯然是教師們必須認眞思考與因應的議題。

　　其次，以國語文領域在技術型高中的課程地位屬於部定必修／一般科目／語文／國語文，三學年共16學分，前兩年每學期3學分，第三學年每學期爲2學分；亦即，高一、高二每週有3節國文，高三則有2節。

　　依此視之，節數少，各版本的國文教材也有一定的分量，顯然科技要與國文課「無感融入」教學之中，方是可行之道。

依此，筆者稍後提出智慧語文教學模式供國文教師教學參考。

　　最後，不得不提及爲何要「科技」結合「國文」學習與應用的重要性。

　　技術型高中各領域/科目均與普通型高中及綜合型高中在共同的基礎上，以協助學生培養專業實務技能、陶冶職業道德、增進人文與科技素養、創造思考及適應社會變遷能力，奠定生涯發展基礎，提升務實致用之就業力。

　　就學生的角度視之，依十二年國教課綱所提出的「三面九項」，在九項核心素養中有「B2 科技資訊與媒體素養」一項；再細究學生能有的學習表現，於在十二年國教課程國語文領域綱要羅列相關能力，在國中階段有：「5-IV-6 運用圖書館（室）、科技工具，蒐集資訊、組織材料，擴充閱讀視野」；在高中階段則於聆聽、口語表達、閱讀與寫作等部分呈現以下與科技相關的內容：

　　1-V-4 能結合科技與資訊，提升聆聽學習的效果。

　　2-V-4 能利用電子科技，統整訊息的內容，作詳細的口頭報告、發表評論或演說。

5-V-4 能結合電腦科技，提高語文表達與資訊互動的應用與解決能力。

依前述可知十二年國教課綱要對技術型高中學生在國語文與科技的整合是所有期待的。

雖然另有「科技領域」的授課內容，但依課程綱要說明，僅於三個學年中彈性規劃四學分，各校會有不同的形式或重點，難以討論其可能的成效，且重點在於「運算思維」與「設計思考」，與國語文領域的相關性較低。

是以，國文教師若能與日常的國文課堂中，適切地將多媒體與科技軟硬體融入，不僅可讓學生「學習用」，也能在「用中學」，讓科技與國文領域整合呈現嶄新面容，以因應這資訊科技無所不在的新世代社會。

因應 e 世代的國文教學模式：智慧語文

試回想一下，好久好久以前，您尚在學習時的國中或高中國文課，是什麼樣的景況？

老師在黑板上振筆疾書，滔滔不絕地講述，或有學生朗朗讀書，點頭吟哦、誦讀課本文句等。

若是此般樣貌，那這數十年，國語文教學的「樣子」應該沒有太多的變化吧！

　　為何沒有改變呢？或許，老師認為不需要改變；或許，老師不知道這世界已經改變了。

　　難道，我們真的要用過去（十年或二十年前）在師培階段所學習到的教法，來教導未來三年後即成為社會公民的學生嗎？

　　語文教學與教育科技的關係，相對於其他學科領域，一直是比較「遙遠」的。

　　大部分的老師認為，語文教學不就是聽、說、讀、寫反覆的練習，或者文學賞析、文化知識的闡述罷了，跟教育科技無關，咱們井水不犯河水，保持距離較佳。

　　然而，時至今日，大部分的教室都多了一些「新朋友」，比如個人電腦、投影機、投影布幕；或者更好一些，有了內嵌式的互動式電子白板（Interactive White Board, IWB）、大型觸控式屏幕（Touch Screens），甚至有了學生用的即時反饋系統（Instant Response System, IRS）、平板電腦（PAD），當然老師也有隨身攜帶的科技工具——行動電話（mobile phone）。

當諸如此類的科技產品存在於語文課堂之中，我們能視若無睹嗎？

或者，更積極的思考，「他們」可以在語文教學中，扮演什麼角色，讓教學更輕鬆、學習更有效？

由筆者所提出的「智慧語文」（SMART Reading）乃指基於學生中心（Student center, S）的教育理念，以問思教學的模組（Modules of Question-Thinking teaching, M）為基礎，建構學生自主學習的能力（Autonomous learning, A）為目標，透過分組合作學習（coopeRative learning, R）與教育科技系統（Technology of Education, T），形成彈性適切之語文教學模式，期以提升學生各項基本閱讀理解能力（如下圖）。

圖14　智慧語文概念圖

在傳統的課堂，很難立即且直觀的掌握學生的學習狀況，尤其是學生的個人閱讀理解狀況。

若能即時掌握學情，教學即可隨機應變，提供學生最佳的教材或教法，這就是智慧語文最重要的核心價值！

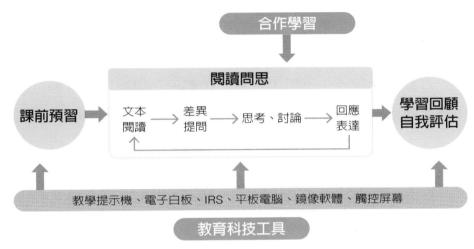

圖15　智慧語文教學模式

承前所述，國語文教學目標即培養學生「多元文本識讀素養」，以理解語文，並透過語文理解世界。

而多元文本識讀素養的內涵，則讓我們連結到當今社會大眾主要閱讀內容與形式的變化——從過去以紙本書報為主的媒體，大量改以電腦螢幕、平板（PAD）、手機等載具呈現數位多媒體的各式訊息。

再者，以學校而言，莫不積極改善教室的教學設備，其中，以增添互動式電子白板（IWB）或大型觸控屏幕、IRS反饋系統、學用平板、電子書及各式教學軟硬體設備為主要方向。

亦即，數位多媒體融入語文教學的潮流，已漸趨成形，甚至將成為主流。

身為語文教師，不得不正視此趨勢，必須適切應用數位多媒體於語文教學之中，以展現更佳的教學與學習效能。

當數位多媒體的多樣性文本（文字、圖片、動畫、影音等）以及相關軟硬體進入了國語文教學的課堂之中，原有的國語文教學模式，勢必要調整與因應。

以下簡要說明相關教育科技軟硬體設備如何輔助國語文教學，使國語文教學更具效益，學生學習更有效果。

❶ 數位教材

目前各版本國文教科書皆提供數位化的電子教材供教師教學使用，教師也大多具有多媒體簡報設計或文字編輯排版的能力，可自行設計相關語文補充教材供學生學習之用。

好處是可即時存取，傳播更為便利，也利於保存歸檔。大部分學校都設有雲端教學資料庫供教師分享應用。

❷ 教學屏幕：觸控屏幕 Touch-Screens

當數位化的語文教材備妥後，互動式電子白板或大型觸控屏幕，即可發揮其多樣化操作的功能。

可以播放新聞或討論媒材的音訊檔，讓學生練習聆聽或口語表達，也可以呈現文字篇章，讓師生共同閱讀並劃記關鍵語句，或者讓學生分組討論，由於「可儲存」的特性，學生尚可進行課後自主複習。

此外，其附帶的計時器、選人器、計分板、遮罩、聚光燈等即時便利操作的功能，皆可提升課堂的互動性。

❸ 教師手機 APP

透過教師手機 APP 搭載相關 APP（如 Hi Learning、Kahoo 或 Plickers 等），可遠端操控教學內容，或即時拍攝學生學習單或短文習寫的內容，即時遞送到教學屏幕顯示，即可供全班討論與修正。

❹ 即時反饋系統 IRS

在設計相關聆聽理解或閱讀理解的隨堂評量時，在教師要求下，學生利用 IRS 即時表達自己的意見或想法，對於教師掌握學生理解情形，具有重要的意義。此外，IRS 作為搶權發言的工具，可增加課堂的主動性。

❺ 學用平板電腦 Pad

以往小組討論的結果只能寫在小白板或海報紙上，不方便也不經濟。

善用學生的平板電腦，除了可讓學生即時閱讀教師推送的語文材料，或進行題目的作答回應，更可將討論結果拍攝下來，推遞到教學屏幕上，供全班發表討論。

此外，也可上網進行相關語文資料的檢索，比如查閱線上電子辭典或觀看筆畫筆順動畫，供自學之用。

迎向科技，展現國文教學新面貌

除了上述國語文的教學或學習在科技應用與融合方面其實有許多的可能性，加諸各版本國文教材的配合方面，如課綱中所提及技術型高中建議篇目：宋・沈括的《夢溪筆談》之〈曲

面鏡成像〉、〈乾式船塢〉、〈以工代賑〉、〈磁石指南〉、〈物態研判〉等篇章；明・劉基的《郁離子》之〈魯般〉、〈鄙人學蓋〉；明・宋應星《天工開物》之〈舟車〉緒言、〈膏液〉緒言、〈殺青〉緒言；明・曹霑《紅樓夢》之〈賈探春敏慧興利〉；乃至於清・沈葆楨的〈臺煤減稅片〉，以及《臺陽見聞錄》中的〈清代臺灣鐵路買票收費章程〉等篇章，都與技術型高中的專業類科有某些程度的相關，更與現代科技的應用思維有許多共通之處。

　　建議教師可依此教材，讓學生運用數位行動學習工具，自行或分組上網探索相關的議題或延伸內容，進行主題性的探究，鼓勵學生以 PPT 等數位形式進行簡報，並配合影音材料呈現最佳的表達效果，應可大幅提高學生的學習興趣。

　　綜上所述，教師若能善用教育科技輔助語文教學，它所帶來的高效、便利、即時，將可為學生的語文學習提供更佳的學習環境，讓學習更有效果，除了符合這群「數位原住民」的學習特性，更有助於他們因應未來多變的科技世代。

議題融入國語文教學設計

　　教育部於 103 年公告《十二年國民基本教育課程綱要總綱》，提及各領域課程設計應適切融入十九項議題，包括：性別平等、人權、環境、海洋、品德、生命、法治、科技、資訊、能源、安全、防災、家庭教育、生涯規劃、多元文化、閱讀素養、戶外教育、國際教育、原住民族教育等。

　　《總綱》明訂融入課程的十九項議題均具重要性，其中有些議題在《總綱》中被納為核心素養（如：品德、生命、科技、資訊、多元文化、閱讀素養、國際教育）；有些議題單獨設立科目（如：生命、科技、資訊、生涯規劃）；有些議題則在領域課程綱要中納入學習重點（如：性平、人權、環境、海洋、法治、能源、安全、防災、家庭、戶外教育、原住民族教育）。

　　依前所述，國語文學習領域（本國語文）並未被明確指明與十九項議題的關係或如何融入，乃是因國語文長久以來不僅包含語文基本工具的學習內容，也含括文學涵養的啟發與引導，更是各類「文化」的載體。

許多的議題，都含涉在語文學習內容之「文化內涵」之中。

尤其品德（文以載道）、生命、環境、家庭、戶外教育、多元文化及閱讀素養等議題，一直以來，都是國語文教材篇章中常見的題材。

議題應如何融入學習領域之中呢？

依教育部於 109 年 6 月公告的《議題融入說明手冊》，可分為議題融入式、議題主題式及議題特色課程三類。

由於國語文為基本工具學科，在此以「議題融入式」為主要討論焦點。

如果對個別議題的指標或內涵欲詳細了解，建議參閱該手冊查閱詳讀。

在理解十二年國教十九項議題之後，回到本文主題：議題該如何融入國語文教學呢？

筆者建議從教材中分析相應議題，並於教學中適時連繫相關議題。

換言之，應充分進行教材的「文本分析」，除了語文教學的各項重點之外（字詞句段篇），可思考於教學的某些環節中，適時適量的介入「相關議題」的延伸討論。

試舉一例，翰林版二年級上學期第六課〈草叢裡的星星〉，首段提及：「放學後，我們到奶奶家。吃過晚飯，全家人一起去散步。」

為何要特別提到奶奶家，而且全家一起散步？

可由此連繫探討「家庭教育」議題，並深入其實質內涵：「家 E4 覺察個人情緒並適切表達，與家人及同儕適切互動」與「家 E5 了解家庭中各種關係的互動（親子、手足、祖孫及其他親屬等）」，以相關提問引導學生討論家人的關係（尤其是祖孫的互動），或家人常進行的共同活動。

同課再舉一例。該文提到他們全家人在晚餐後散步，想去找「星星」（螢火蟲）。

文中提及：「我們穿過屋後的竹林，竹林盡頭是小溪，小溪兩旁長滿了草。」

此句即暗示了螢火蟲的生長環境，即可融入「環境教育」議題。

在其「環境倫理」此項中即有：「環 E1 參與戶外學習與自然體驗，覺知自然環境的美、平衡、與完整性」與「環 E2 覺知生物生命的美與價值，關懷動、植物的生命」兩條實質內涵。

此時即可向學生提問：「螢火蟲生長在什麼環境？」、「我們看到的螢火蟲呈現什麼樣的美好的感覺？」以及「我們該如何保護環境，讓像螢火蟲這類的生物可以持續與人們共存？」等，即可將環境教育融入國語文教學設計之中。

最後，特別提醒的是，一定要仔細識別教材主題，分出主次。

此處所論都是「議題融入國語文教學」，而非「語文教學融入議題」。

議題融入國語文教學乃指在國語文教學歷程中，將議題「適切地」融入於教學之中；也就是以國語文教學為主體，而不是議題為主的教學。

國語文本來就是一種載體，或是一種媒介，尤其國語文教材之中富含各類生活素材，足以提供教師延伸與融入。

然而，切勿過度審視與闡釋，比如為了討論「性別平等」的議題，便一味地計算教材中男生出現幾次，女生又出現幾次，過度深論男女間的失衡或刻板印象之類的議題，即可能出現「反客為主」，甚至，讓學生產生「認知混淆」（這節是國語課，還是社會課？）的情形。

　　議題融入，有其必要，但不可不慎；過與不及，皆可剔之。

遇見
語文評量

在評量中
持續學習

於是

改變一點點
學習多一點

您
付出的愛
終究會回來

定期評量後，請稍等

　　期中考或段考後，除了改試卷、發回訂正簽名，別急著新進度的開展，這其實是檢視教學的重要時刻，讓教師與學生彼此都能回顧、調整與補救的黃金時刻。

　　教師批改試卷，除了將學生個別分數算出，統計各分數級距的人數之外（其實這沒有太大意義；平均數、中位數、標準差比較有意義），建議檢視學生的錯誤類型，並進行逐題（及選項）通過率（就是答對率）的分析。

　　從錯誤類型可知學生在學習上是否有共同的錯誤情況，再思考如何補救；例如關聯複句的句意理解沒問題，但造句卻不通順、表達不完整，就可以強化句子的表達。

　　另，從通過率可知此題的難度（總平均通常落在 75 至 85 之間較佳），高低組學生的分數差異可知鑑別度（高分組與低分組差異在 30 至 40 分之間較好），如果上述數據不如預期，就可以思考兩個面向：

　　題目的品質不佳，或是學生能力不佳。

題目方面可以先從題幹敘述的完整性、明晰度來分析，（可能是我們的題意不完整），也可能是題目重點的偏移，例如要求學生默寫某一段的內容等；若是學生能力不佳，就整體檢視哪部分需要加強，依《屋頂上的貓》[5]建議，可分為字詞短語、句式語法或段篇讀寫等三部分，看看哪部分通過率低，可以施予補救教學或新進度內容的偏重。

　　最後，建議同學年的老師能共同檢視彼此班級狀況的落差，可以分項算出全學年的通過率，大家一起討論是共同現象，還是個別班級的情況，再針對狀況，共商教學調整的作為。

　　總之，評量，除了知道學生的學習成果，配合測後結果的討論，進行教學調整與改進，也具有重要的意義。

5　許育健（2018）。屋頂上的貓：素養導向國語文評量設計實務。臺北市：幼獅。

從麥子到威士忌：
談評量內容的界閾

　　如我們所知，麥類是五穀之一，是人們溫飽日常所需的來源之一。

　　麥子經過加工處理，便成為麵粉；麵粉則會化身成為麵條、麵包等不同的食物，我們可以料理後食用。

　　在好久好久以前，應該約莫西元 15 世紀左右，也許更早，在蘇格蘭地區的人們透過一些蒸餾的方法，將大麥製成了威士忌，自此成為重要的酒類之一。

　　在麥子與威士忌之間，筆者聯想到了評量內容的界閾。

　　如果評量的內容是可以讓讀者直接看出來是麥子，那就是文本內容的原形，讀者可以由文章中直接找到符合的答案。這是直接提取或檢索擷取層次的題目。

例如：

Q1 文章一開始就說明，媽媽是為了爸爸的生日才準備蛋糕，為什麼最驚喜的卻是作者和妹妹們呢？

1 他們最喜歡吃蛋糕

2 家中第一次買蛋糕*

3 他們從未看過蛋糕

4 他們喜歡奶油蛋糕

若評量的內容是需要讀者前後反覆閱讀，透過前後文句或段落間的訊息，方可推論出答案，就猶如吃麵包的同時，也咀嚼出好吃的麵食口感。

雖然已經不再是麥子，但可以推論判斷是麵粉的製品，以及品質的好壞。

這個閱讀理解的層次即是推論理解或詮釋整合。讀者可以由文章中透過自己既有的語文能力及相關背景知識，找到合宜的答案。

例如：

Q2 「……把多年的疑問，拿來當自己的保命符。」這裡的「保命符」是指什麼？

1 避免受罰的交換條件

2 減輕處罰的過去承諾

3 轉移目標的符咒錦囊

4 避免受罰的說理依據*

誠如前述內容，當麥子釀成了威士忌，其實已經不容易從品酒的過程中推回它原本的材質與面貌，而威士忌的香醇，則是帶來另一個境界的感受。我們可以品嘗其風味，亦可判斷其品質的良窳。甚至，我們可以透過自身對酒類製造的背景知識，推論其過桶的方式或橡木桶的類別（雪莉桶、波本桶等），也可以評估不同酒廠的酒品特色。當然，這一切都與麥子離得很遠了，但不可否認的，它的基底原料，就是麥子，無庸置疑。

以此推知，當評量的提問層次涉及文本之外，卻又基於證據或個人知識的評估與判斷，可知其內容主旨或相關謀篇技法，也就是PIRLS的比較評估或PISA的省思評鑑層次的題目。

例如：

Q3 這篇文章描述作者偷吃蛋糕事件的經過，標題卻在「偷吃蛋糕的小孩」前面加上「媽來了」。作者這樣安排的用意是什麼？

① 呼應文章中所引用的故事*

② 用溫柔形象緩和緊張氣氛

③ 用強勢形象製造反差效果

④ 彰顯媽媽在家庭中的重要

評量內容的界閾，也就是讀者閱讀理解的層次與範疇。

好的篇章文本，可含有多層次、豐富的或具想像力的內容。

然而，好的提問，便是引出多層次思考與理解的重要工具與途徑。

關於試卷中的基本題與素養題

耳聞各縣市對於中小學的定期評量的規範，有所謂的「基本題」與「素養題」的比例分配云云。

就我對各類關於評量設計相關文獻閱讀經驗而言，並沒有看過此二者明確的定義與區分（當然，也可能是我有疏漏了某些文章）。

在多次與現場老師討論後，大抵可知其定義為：

基本題指語文的字詞、句段或篇章的試題內容，以課本內出現的知識或文本為主要的評量點。

素養題則相對於基本題，以課外文本為材料，並以題組的形式呈現，通常包括閱讀理解或以文字表達的問答題。（希望我沒有理解錯誤……。）

當然，我更好奇的是，為何要分基本題與素養題？

原來，是教育局處或學校對教師期中、期末或三次段考試題的「比例要求」。

所以，若依此規定，教師在基本題方面就可以依過去的命題習慣設計即可（題庫光碟？）；教師只要多費心於另外設計一定比例的素養題（如20%或30%），以表示素養導向語文評量設計的革新……。

若依此思維來規範評量內容的比例，其實大部分的學校都不用改，因為各校的閱讀測驗加上開放式的造句（此二者都與課文無直接相關），應該很輕鬆的達標（依然故我的概念）。

基上所述，我認為此等規範並未能達成評量革新的目標，我們期待的評量若是「為學習而設計」的，就應該讓「每一道」題目都符合「明確的評點」、「完整的語境」、「多元的題型」三大基本原則，再進一步建構「問題的解決」及「創意的展現」的情境等素養導向原則，每一題，都會是「素養題」。

畢竟，我們希望「改變一點點，學習多一點」，讓評量成為引領我們教學與學習改變的力量之一。

＃五項原則可參閱拙作《屋頂上的貓：素養導向國語文評量設計》

國文科素養導向命題

素養導向的命題該如何取材，如何命製？

臺師大國文系王錦慧教授（2019）[6]，以兩個面向談論素養導向素材來源與命製概念。

重點如下：

「跨領域」的設計

1. 只要超出國語文領域的閱讀素材，皆是跨領域範圍，如自然科學、經濟學等。但也可能是多元領域結合，如李斯的〈諫逐客書〉，雖是古文，亦屬政治議題。

2. 命題時可跨域，但要避免領域內的專業知識，如生物界的互利共生等。

3. 掌握跨界且還原的原則，以國文為體、他科為用，或他科為體、國文為用的觀念。

6　王錦慧（2019）。談國文科素養導向的命題。中國語文，745，4-8。

「情境化」的設計

1. 素材來源可來自生活情境或學術探究情境（如結合多篇古文之文句，探究「其」字的用法）。

2. 命製時可採基本題或情境題之分，也可以連結共同選文的篇目統整命題，也可以結合學科知識與生活情境（如桌遊牌卡的遊戲說明書）。

　　文末結論提及應知行合一、取材多元、問法靈活等，以設計出好題目。

　　王教授的論述大抵為目前大家能理解，且可接受的觀點與原則，值得國高中國文教師命題時的參考。

　　個人認為其中之「知行合一」，即為我在《貓》書中一直提及的「學以致用」的觀念。

　　建議教師命題時，應「以終為始」，先由生活中覺察語文的各類應用或問題，再回思所需的語文知識、技能或策略，再進行題目的設計。

　　例如，某天我打完球回家時，看到一個男人在路邊的小貨車旁，獨自守著他的鴨肉攤，燈光灰暗，不仔細看也不知道他

在賣的是「玫瑰燻鴨」（我問他的），看起來皮脆爽口，我心想，如果他可以寫個招牌，加一些行銷文字，是不是生意會更好呢？此時即可將此情境入題，讓學生發揮語文創思，運用雙關修辭幫他設計一個吸引人的招牌廣告吧！

這是不是就是用在生活情境中，以語文解決問題的示例之一呢？

素養導向評量設計其實不難，貴在處處留意、用「心」創思爾。

PISA 2018 與閱讀理解評量

　　自臺灣於 2006 年首次參與 PISA、PIRLS 國際閱讀評測以來，無論教育部或各級學校單位皆積極出版相關教學與評量手冊，也在各縣市辦理閱讀相關研習，以正視閱讀理解評量的革新與調整。

　　其後，伴隨國中會考國文科與高中學測、指考國文科試題內容與題型的改變，以及 2019 年正式實施的十二年國教課程綱要，對評量提出一個更新的概念：評量過程或評量本身就是學習的一部分（assessment as learning）。

　　透過適當的設計，進行評量任務的過程，也是學生的學習過程；藉由這種評量任務，讓課室中的學習，從知識的學習轉向能力的培養。

　　「素養導向評量」成爲中小學關注的焦點，而相較於傳統試題，訊息量較多的素養題型，再次突顯「閱讀素養」的重要，進而引領中小學定期評量方面的革新趨向。

國際學生能力評量計畫 PISA 可以視為近十幾年來評量革新的濫觴，可謂動見觀瞻，任何的變化，都影響各國評量方向與內容的因應調整。

　　PISA 評量涵蓋閱讀（reading）、數學（mathematics）及科學（science）三個領域的基本素養，但每次選擇其中一項為主要評測領域（major domain），2018 年的主要評測領域即為閱讀。

　　以下內容參閱經濟合作暨發展組織（Organization for Economic Co-operation and Development, OECD）及臺灣 PISA 國家研究中心[7]所提供的資料，針對 PISA 2018 閱讀素養評量架構與題型進行分析，並根據十二年國教國語文領域課程綱要，參考中小學現行版本之國語文教科書內容設計範例試題，以探究中小學閱讀評量設計可能趨向，並提供教學現場評量命題實務參考。

閱讀素養的定義與內涵

　　筆者以閱讀素養為核心，欲借 PISA 閱讀評量內容進行相關議題之探討。

7　https://pisa.irels.ntnu.edu.tw

於此，先以國內外學者對閱讀素養的論述與十二年國教國語文領域課綱相關內容進行簡要探討，作爲其後 PISA 題型及示例之基礎。

國內外閱讀素養的界定

閱讀是一個複雜的意義建構過程。

國內外學者對閱讀理解成分的定義包括字詞彙辨識、流暢性、推論、組織、整合、評鑑、自我提問與後設認知等能力，及組字、字彙、句子、文體等知識，反映出閱讀理解是一個動態的歷程，需要多元的知識能力。

在閱讀的過程中，讀者會受先備知識、閱讀策略的影響，同時也會受文章解碼歷程的影響。

閱讀理解表示讀者不僅閱讀內容，還能將文本中的思想與自己已經知道的知識、經驗聯繫起來，是一種主動汲取、了解資訊的歷程。

根據 OECD（2018）於 PISA 2018 對閱讀素養的定義：「爲達成個人目標、增長個人知識與潛力，並成爲社會的一分子所需具備理解、使用、省思及回應文本的素養。」

此外，OECD引用 International Telecommunications Union 的調查數據指出，1997年，PISA 閱讀評量架構第一次提出時，全世界只有1.7%的人口使用網際網路；2014年，這一數字已增長到40.4%。

這說明了未來學生需要熟練使用數位工具，以成功管理日益增加的複雜訊息。

換言之，由於日新月異的科技發展和不斷變化的社會環境，閱讀素養的定義亦將隨之調整改變，包括基本的閱讀理解歷程和數位閱讀技能。

綜上所述，可以說明「閱讀素養」並非侷限在認字、文章理解等面向，而是更進一步突顯思考與實踐的重要；不僅強調個人與文本之間的互動與省思，亦重視自我調節閱讀目標和策略的能力，藉以實現個人目標、拓展知識與實踐社會參與。

同時，由於新技術和不斷變化的社會環境的影響，構成閱讀素養的要素將持續發生變化，考慮讀者如何獲得和使用在各種媒介的訊息，閱讀素養定義亦將隨之修正。

十二年國教國語文課綱之閱讀素養內涵

　　基於論述旨意，欲提供中小學閱讀評量設計之參考，故以下採十二年國教國語文領域課程綱要之第三學習階段（國小高年級）[8]與第四學習階段（國中三年）「閱讀」學習表現內容，以及十九項議題中「閱讀素養教育」相關內容整理討論之，作為筆者後述之試題原則、架構與示例之參考。

　　關於閱讀向度之學習表現，刪除朗讀、標點符號及圖書館利用等相關知能後，其內容如下：

5-III-4 區分文本中的客觀事實與主觀判斷之間的差別。

5-III-5 認識議論文本的特徵。

5-III-6 熟習適合學習階段的摘要策略，擷取大意。

5-III-7 連結相關的知識和經驗，提出自己的觀點，評述文本的內容。

8　由於國小第一學習階段及第二學習階段之閱讀能力培養，偏屬基本閱讀能力的學習；自第三學習階段起，可視為較高階的閱讀能力表現，故本文以第三學習階段與第四學習階段之內容探討之。

5-III-8 運用自我提問、推論等策略，推論文本隱含的因果訊息或觀點。

5-III-11 大量閱讀多元文本，辨識文本中議題的訊息或觀點。

5-IV-2 理解各類文本的句子、段落與主要概念，指出寫作的目的與觀點。

5-IV-3 理解各類文本內容、形式和寫作特色。

5-IV-5 大量閱讀多元文本，理解議題內涵及其與個人生活、社會結構的關聯性。

　　整理上述內容可得知國小高年級及國中階段的學生應有之閱讀能力包含：區分事實與觀點、掌握議論文本的特徵、大意摘要、連結知識或經驗提出評述觀點、辨識議題訊息與觀點、指出寫作目的與觀點、理解寫作形式與特色、理解議題與個人關聯等。

　　至於十九項重大議題中的閱讀素養教育所提及之學習表現，刪除基本閱讀知能及情境脈絡、態度等之後，其內容如下：

閱 E4 中高年級後需發展長篇文本的閱讀理解能力。

閱 E5 發展檢索資訊、獲得資訊、整合資訊的數位閱讀能
　　力。

閱 E6 發展向文本提問的能力。

閱 E7 發展詮釋、反思、評鑑文本的能力。

閱 J1 發展多元文本的閱讀策略。

閱 J2 發展跨文本的比對、分析、深究的能力，以判讀文
　　本知識的正確性。

閱 J3 理解學科知識內的重要詞彙的意涵，並懂得如何運
　　用該詞彙與他人進行溝通。

　　依上述內容可知，除了前述的閱讀表現內容所提及的能
力之外，更指出數位閱讀能力之檢索、獲得與整合資訊的重要
性，也強調應有對文本詮釋、反思、評鑑之能力。

　　此外，跨文本閱讀時比對、分析、深究的能力、學科知識
重要詞彙的積累與應用，也有所提及。

由閱讀素養的界定，乃至於十二年國教課綱所論及之閱讀素養相關內容，可知中小學學生應有閱讀素養，以此作為筆者後續建立命題原則、架構與題例設計之重要參考。

　　以下將聚焦 PISA 2018 閱讀素養評量的介紹，可更具體論述與呈現閱讀素養評量的面貌。

PISA 2018 閱讀素養評量

　　PISA 國際學生能力評量計畫，為 OECD 自 1997 年起籌劃，並於 2000 年正式施測。

　　此跨國評量計畫乃由終身學習的面向來看待教育的主要目的，其設定的情境包含正式與非正式的環境，諸如正規課程、課外社團、家庭環境、學校氣氛等。

　　此計畫是由所有 OECD 會員國與其他非會員國的夥伴國家（地區）共同合作執行。

　　從 2000 年正式推出後，參與國逐次遞增，可見評量理念與執行品質已普遍獲得認同。

　　截至目前為止，已有超過七十個 OECD 會員國與夥伴國（地區）參與，約略涵蓋了 87% 的世界經濟體，有超過一百萬

名學生接受評量，除了紙筆測驗外，亦開發了線上評量系統；臺灣於 2018 年參與的即是線上評量系統。

　　PISA 計畫的核心重點在評估接近完成基礎教育的十五歲學生，對於未來生活可能面對的問題情境、準備的程度以及他們所習得的必備知識和技能。

　　以十五歲學生為施測對象，是因為多數 OECD 國家於此年齡的學生正處於義務教育完備階段，此時評量可以獲得各國教育在知識、技能及態度方面累積近十年的成果。

　　根據 PISA 的定義，所謂的知識技能包括：溝通、適應、學習策略、彈性、時間管理、自我信念、問題解決、資訊技巧等。

　　其調查乃以教育品質和均等指標作為跨國比較的主軸。

　　在各國報告中，也多以學生的社會經濟背景及性別差異作為分析教育表現差異是否涉及機會均等議題的主要變項。

PISA 2018 閱讀素養理解歷程架構

　　閱讀理解評量的立論基礎來源之一，依相關閱讀理解研究，可推估 1980 年代起被廣為人知的「讀者回應理論」（Reader Response Theory），具有關鍵的影響。

此理論由 L. M. Rosenblatt（1904-2005）所提出，最早可見於 1938 年所發表的 *Literature as Exploration* 一書，該書提及：「讀者與文本具有密不可分的關係，讀者才是文本意義的主要建構者。讀者與文本交流的過程之中，『意義』是動態的，是個人的，具有多元詮釋的可能」。

其後，Rosenblatt 於 1978 年出版 *The reader, the text, the poem* 此書，更將讀者反應比喻為如我們讀「詩」般的經驗，不僅更具有豐富想像，也呈現出個殊差異的特質。

此外，1980 年代正是美國認知心理學蓬勃發展的黃金時代，「在意讀者想法，尊重讀者詮釋權」的觀念在 2000 年左右，間接影響到 PISA 或 PIRLS 等國際閱讀理解評量的核心理念——檢視「讀者」的理解歷程。

基於認知理論，PISA 閱讀素養評量架構將閱讀視為一個複雜的認知過程，涉及讀者與文本之間的相互作用以建構意義。

在低層次的理解歷程下，讀者可以識別和檢索文本中的信息，並使用他們的語言知識來對單詞，短語和句子進行定義和簡單的解釋。

在高層次的理解中，讀者透過將自己的知識和經驗應用於文本，並對文本做出批判性的，理性的判斷，來擴展其解釋和整合，以加深理解。

時至今日，因應數位時代的來臨，PISA 2009 已注意到數位環境下數位文本閱讀能力的重要，也是第一個評估數位文本閱讀的大規模國際研究。

由 OECD（2018）所公告 PISA 的閱讀評量架構可知其內容與過往差異不大，惟增加了數位形式閱讀時所需要的能力。

具體而言，在 2015 年以前，PISA 提出的閱讀理解架構，可以分為三大歷程：「檢索擷取」、「發展解釋」、「省思評鑑」。

其內涵分別是：「能找到指定的重要訊息」、「能推論句段文字的意思，用自己的話來說明」、「能對於段篇的內容或形式，提出自己的判斷與看法」。

與其他閱讀理解歷程架構之比較

進一步說明此三項閱讀能力與其他較熟知的架構比較。

其一，與「PIRLS 閱讀理解歷程」對照，可知 PISA 閱

讀素養評量之「文本處理歷程」中，能流暢的閱讀所經歷的「定位訊息」即 PIRLS 的「直接提取」；「理解」即 PIRLS 的「直接推論」與「整合詮釋」二者相合；其「評鑑與省思」則是 PIRLS 的「比較評估」，乃指讀者閱讀文章後與自身經驗或相關認知交互形成的評估、衝突、省思等回應歷程。

其二，臺灣自 2011 年左右，在教育部的支持下，由柯華葳教授等國內研究閱讀與認知領域的學者專家建構「課文本位閱讀理解教學」（Textbook-based Approach to Reading Instruction, TARI），將閱讀教學與學校國語課課文結合。

進行以課文為本位（以學校現行各版本的教科書篇章為文本，融入各年級相對應的閱讀策略）的閱讀理解策略教學，並辦理教師專業成長系列研習、設計相關教案提供教師在不同年級教學時參考使用。

在其研習手冊提出了三類的問題，分別是事實的問題、推論的問題與評論的問題[9]，此三者也在大致對應了定位訊息、理解、評鑑與省思三個層次。

9　https://pair.nknu.edu.tw/Pair_System/fckeditor/ckfinder/userfiles/files/2011在職教師閱讀教學增能研習手冊.pdf

詳列比較內容如下表：

PISA 2018 閱讀理解架構與內容	2015前的 PISA	PIRLS	課文本位閱讀理解教學
1. 定位訊息 （**Locate Information**） 　1-1 擷取與檢索文本內的訊息 　1-2 搜尋與選擇相關的文本	訊息檢索	直接提取	事實的問題
2. 理解（**Understand**） 　2-1 了解字面的意義 　2-2 統整與推論文本的整體意義	統整解釋	直接推論 詮釋整合	推論的問題
3. 評鑑與省思 （**Evaluate and Reflect**） 　3-1 評估品質與可信度 　3-2 省思內容與形式 　3-3 偵測與處理衝突	省思評鑑	比較評估	評論的問題

PISA 2018 閱讀素養評量文本與試題類型

在討論此次釋出的樣本試題之前，我們可以注意到幾項重要的背景資訊。

其一，此次施測全程以數位形式揭示題目與文本，受試學生亦以滑鼠選答或電腦打字回應問答題；亦即，此次的施測全程皆以「數位閱讀」的形式，除了基本閱讀理解能力之外，也考驗學生數位閱讀的狀況。

其二，所有畫面皆以橫式文字呈現，並分為左右兩欄。較窄的左欄為題目，較寬的右欄為閱讀文本。依一般人的閱讀習慣可推知，進行評量時，學生應先讀題目，再到文本中尋找相應的線索訊息，也就是以「目的性」閱讀的方式進行，因在先呈現題目，有助於受試者更有效率、具有目標的閱讀文本與尋答。

PISA 2018閱讀素養評量文本類型

在此次公告的樣本試題中，可分為三類，分別是：同主題、不同表述方式的多元文本；仿社群媒體的非連續性文本；同主題不同立場的議論文本。

同主題、不同表述方式的多元文本

第一篇是〈教授的部落格〉，可判斷該文本乃以「記敘」的表述方式呈現。

所謂的記敘，乃指記事或記錄，輔以描寫敘述的文本。

常出現以「我」起頭的句子，即是強調以個人主觀的角度把一些人、事、物、景記錄下來的文本，有時對特別有感受的景物則加描寫。

第二篇是〈大崩壞的書評〉。見到「書評」一詞,即可判斷此爲「議論」文本,主要內容爲某人對某件事物提出個人主張或看法。

良好的議論文本通常可輕易判斷其論點(主張),並輔以論據(亦可視爲論述的證據,包含人、事、言、物等不同類別的例子),再擇以邏輯清楚的論證,企圖說服讀者。

第三篇是〈科學新聞〉。科學新聞的本質是說明,如我們的認知一般,報紙最原始的目的是「秀才不出門,能知天下事」;此處的「事」應是客觀的、不帶偏見的。

說明文本也會充分利用數據、表格、舉例等不同方式,讓說明的事理或事物清楚明白。

仿社群媒體的非連續性文本

此題本的內容模仿社群媒體中「論壇」(forum)的形式呈現,具有數位資訊充斥時代的代表形式之意——眾聲喧嘩、各表其見。

該論壇乃以「家禽的健康」爲題,由「樓主」提問,各方的「網友訪客」留言,每個留言區塊的文本都有不同的意見或想法。

此形式考驗學生對每個人看法的理解度，重要的提問則是諸如：「樓主的問題是什麼」、「這些人的貼文是否與樓主的問題有關」等，藉此評判學生對這些語句的內容思辨、立場判斷的能力。

圖16　PISA 2018 仿社群媒體的非連續性文本

資料來源：http://pisa.nutn.edu.tw/download/report/PISA2018閱讀樣本試題.pdf

同主題、不同立場的議論文本

此題型由兩篇同主題、不同立場的文本所組成。

分別是〈農場到市場乳品公司〉，國際乳製品產業協會發文宣傳「牛奶的營養價值高、益處多多」；另一篇是〈向牛奶說不〉，是由一名具有醫師身分的醫藥記者所撰寫，重點是──不要喝牛奶。

可見其立場的差異頗大，可由此評估學生的閱讀理解與思考抉擇。

圖17　PISA 2018 同主題、不同立場的議論文本

資料來源：http://pisa.nutn.edu.tw/download/report/PISA2018閱讀樣本
　　　　試題.pdf

由上述的三類文本可知 PISA 著重「多元文本識讀能力」，可知無論國語文教科書編寫者或教師自編教材、補充的閱讀文本，應朝向多元文本、多元觀點、多元表達等「三多」方向邁進。

PISA 2018 閱讀素養評量試題類型

關於試題題型，PISA 2018 的各類文本基本上皆參照前述的定位訊息、理解、評鑑與省思三層及七個細項進行題目歷程的對應。

以下分爲選擇題、表格題及混合題型簡要說明，並針對與以往較爲不同，或具啓示意義的試題類型討論之。

選擇題

選擇題基本上是因文本訊息的差異，以三個層次及其細項進行試題設計，以下由筆者整理樣本試題中的題目，參閱 PISA 所提供的試題樣本說明，呈現其對應其理解層次，如下表。

PISA 2018 閱讀素養評量架構與對應的樣本題目

PISA 2018 閱讀理解架構層次		題目
定位訊息	擷取與檢索 文本內的訊息	・根據部落格，這位教授何時開始她的田野工作？｛選擇題／選項（略）｝ ・文中科學家提到哪些內容是賈德戴蒙同意的？｛選擇題／選項（略）｝
	搜尋與選擇 相關的文本	・海鬣蜥吃什麼？｛選擇題／選項（略）｝
理解	了解字面 的意義	・誰在給受傷母雞吃阿斯匹靈這方面有正面經驗？｛選擇題／選項（略）｝ ・在部落格最後一段，教授寫道：「但是仍有另一個謎團懸而未決……」她所指的謎團是什麼？｛問答題／輸入文字｝
	統整與推論 文本的整體意義	・拖放原因以及它們所造成的共同的影響至表格內的正確位置。｛表格題／拖放文字｝
評鑑與省思	評估品質 與可信度	・誰對艾凡娜_88的問題張貼了最可靠的回答？｛選擇題／選項（略）｝ 提出一個理由來支持你的答案。｛問答題／輸入文字｝
	省思內容 與形式	・論壇上有些貼文可以是與主題有關的，而有些貼文則無關。點擊「是」或「否」指出下列表格中的貼文是否與艾凡娜_88的問題有關。 ｛是非題／選項（略）｝

（續下頁）

PISA 2018 閱讀理解架構層次		題目
評鑑與省思	偵測與處理衝突	・閱讀過這三個來源後，你認為是什麼原因導致復活節島上的大樹消失不見了？提供來源中的特定資訊來支持你的答案。{問答題／輸入文字} ・安娜、克里斯多福和山姆正在討論兩篇文章。 安娜：「不管咖啡店老闆怎麼做，我都照樣每天喝牛奶。」 克里斯多福：「我才不。如果對身體不好，我從現在起少喝牛奶。」 山姆：「我不知道，我想我們應該需再多了解才下結論。」 你同意誰的觀點？{選擇題／三選一} ○ 安娜 ○ 克里斯多福 ○ 山姆 解釋你的答案。參考至少一篇文章中的資訊。{問答題／輸入文字}

資料來源：作者整理自http://pisa.nutn.edu.tw/download/sample_papers/2018/PISA2018_Released_REA_Items_12112019.pdf

表格題

由於說明文本及議題文本會呈現較多的「事實」資訊，或作者的「觀點」意見。

因此，命題者會依文本內容，梳理摘要相關內容，並以雙向「表格」作為題幹，讓學生判斷其下方候選的語句後，再「按住、拖拉」至合宜的格子內。

如吾人所知，表格的功用在於整理、分析、分類、區別、比較相關訊息，讓訊息的類別或異同更清楚。

如下圖的題目即使用表格，讓學生區別何者是原因與何者是影響，以考驗其語句理解與判斷的能力，此題型或可作為教師未來閱讀理解評量設計的參考。

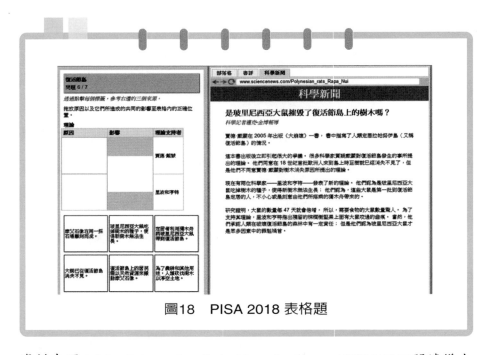

圖18　PISA 2018 表格題

資料來源：http://pisa.nutn.edu.tw/download/report/PISA2018閱讀樣本
　　　　試題.pdf

　　值得一提的是，說明文本以「表格」讓學生填寫、整理，
並將內容分類、區別、比較的目的是「理解」，而非「表達」。

　　過往一些學校的命題會讓抄寫相關語句到框格內的作法，
值得思考；畢竟學生寫代號以代表他的選擇，就足以呈現他的
理解情形，相對的，抄寫不是我們的目的（如果有錯字、漏字
要不要扣分？），此部分建議教師可以再考量斟酌是否有抄寫
的必要。

換言之，若考慮學生作答時的心理負擔，而且評量目標只是確認學生是否能知曉相關訊息的所在位置，那就不要太複雜，讓學生用最簡便的方式回應評量點即可。

混合題型

混合題型是指在一個題目中，交雜著選擇、填空、問答、配對等各種不同回應方式的混合表達題型。

此題型也將於臺灣 111 學年度的高中學測內容中呈現，因為混合題型可以更完整的判斷學生對文本內容的理解與表達。

在此次的樣本題目中，混合題型出現在立場不同的雙文本——「牛奶」之中。

此題呈現的方式是先給一個對話情境（三個人不同的說法），再問學生同意誰的說法，作出選擇，最後以文本訊息寫出原因。

由於學生被要求解釋答案時，需參考至少一則文章的訊息，此乃「證據為本」的閱讀理解原則，而非僅憑個人經驗的開放性回應；另一方面也可判斷學生的基本文字表達能力。

換言之，此題不是要檢驗學生既定的立場，而是要看學生有沒有仔細閱讀，並有能力把證據和理由搭配在一起。

故此題的評分規準應該可分為三類，分別給 3 至 1 分。

1. 從文章中摘取符合的例子，並清楚說明自己的看法。

2. 從文章中摘取例子，簡要說明自己的看法。

3. 不能從文章中摘取例子，只是簡要說明自己的看法。

此題的設計可參酌「標準本位評量」的作法，先設想學生的回應可能是什麼，比較嚴謹的做法是進行預試，再蒐集學生的作答情形進一步分類。

以上說明表格題與混合題的題型設計及其背後的思維，建議教師未來面對相關文本進行閱讀評量設計時，應兼顧閱讀的「理解」與「表達」，達到更完整檢視閱讀理解能力的目的。

臺灣學生 PISA 2018 受測表現

如前文所述，閱讀其中一種形式是工具的、理性的探求訊息與觀點，亦是有目的性的閱讀。

此類閱讀評量期待學生帶著「目的」進行閱讀，跟一般休閒性、文學性的閱讀不同。

再者，依十二年國教國語文領域綱要所示，語文學習的核心素養之一即為「學生能掌握與賞析各類文本，並運用語文進行學習與思辨的能力」，此處之各類文本即指陳生活中無所不在的文本，甚至是更廣義的複合文本、音樂、電影等，無論如何，運用語文學習與思辨是重要的素養與態度之一。

依臺灣負責 PISA 2018 試務，由洪碧霞教授所領導的臺南大學團隊提供的資料，可知臺灣學生平均數為 503 分（標準差為 102 分），OECD 則為 487 分（標準差為 99 分）；在 79 個國家中排名第 17。臺灣學生平均數比 2009 年[10]（495／86、在 65 個國家中排名第 23）進步 8 分，從「與 OECD 平均相當的國家群」，上升至「平均數顯著高於 OECD 平均的國家群」。然而，與 2009 年的 PISA 測驗結果相較，有以下幾點值得重視（洪碧霞等，2019）。

1. 九年來臺灣孩子閱讀平均能力有提升。但依閱讀理解能力三層次的合理分配而言，應是「定位訊息」能力高於「理解」及「評鑑與省思」。可是，臺灣檢測的結果卻是後二者分數較高，我們可以推估學生的專注度、耐心與細心不足，以致此數據不符 OECD 的比例樣態。

---

10 2009 年與 2018 年皆是以閱讀素養主測領域，故以兩者相較。

2. 閱讀力女生比男生好，比較特別的是臺灣在 2009、2018 女生分數都一樣，但男生分數提高，所以平均分數提高。可見男生的進步，提升了臺灣整體的分數水準。

3. 優秀的孩子進步頗多，但弱勢的孩子男生卻更多，此處有再進一步提升的空間。

4. 以區域分布而言，所謂「不山不市」的鄉鎮學校分數都較都會區、偏鄉進步幅度低。此現象值得注意，是否資源也有往都會或偏鄉集中的趨勢。

5. 臺灣學生在 PISA 2018 的建構反應題（即需要打字回應的題目），有高達 43% 的學生「留白」。這表示他們不會寫或不想寫，若是「不想寫」可能比「不會寫」更令人擔心。

閱讀素養評量命題原則、架構與示例

　　基於前述 PISA 2018 之討論，筆者擬定可供中小學參考之閱讀素養評量命題原則、架構與示例如後。

▶ 評量命題原則及架構

① 通則

　　在選文方面，除了單篇具備一定篇幅字數的連續性文本之外（如散文或小說），也可以呈現跨領域（如政治、經濟、

法律、科學）或不同社會情境的文本，使評量的取材呈現多元性；也應擇取讓讀者能辨識、分析或整合資訊能力的非連續性文本，如政府公告、廣告傳單、旅行地圖、產品資訊說明單、不同平臺的網頁資訊等生活中常見的各式文字、圖表綜合文本，以符應「多元文本識讀」的閱讀素養要求。

在題型方面，依 PISA 國家研究中心[11]的試題說明：PISA 主要焦點為 15 歲學生面對未來生活所需的知識、技能，檢核學生是否能學以致用，有效參與學校或社會生活，因此，測量內涵以應用層面的比重較高。

另外，其文本大多關聯知識應用的眞實而新穎情境，題目閱讀量相對比較高，題型包含「選擇題」、「封閉式建構反應題（例如：塡充、簡答），以及「開放式建構反應題」各約三分之一左右。

其中，「開放式建構反應題」（即問答題）對臺灣學生而言，並不是陌生的題型，但 PISA 閱讀素養評量所採用的問答題，多數用來評量學生形成立場或推論時，能否有效呈現論述依據的充分性或論述邏輯的一致性。

---

11 https://pisa.irels.ntnu.edu.tw

比如說：「針對兩位作者不同的觀點，讀者同意哪一位？理由（文本依據）為何？」只要學生的答題能正向回應、有憑有據、符合邏輯，就能檢核出學生在此部分的能力。

② **評量架構**

根據本文前述的各項文獻、十二年國教之閱讀相關指標與 PISA 2018 內容，本文將細化、具體化其內容，轉化成可供中小學命題參考之閱讀理解評量架構 10 項如下表：

PISA 2018 閱讀理解層次		十二年國教課綱「閱讀」相關指標	閱讀評量細項指標
定位訊息	1-1 擷取與檢索文本內的訊息	閱E5 發展檢索資訊、獲得資訊、整合資訊的數位閱讀能力。	R-1-1 擷取某一段落內特定的字詞或語句
	1-2 搜尋與選擇相關的文本	5-III-11 大量閱讀多元文本，辨識文本中議題的訊息或觀點。 閱E4 中高年級後需發展長篇文本的閱讀理解能力。	R-1-2 尋找文章中相關的字詞或語句
理解	2-1 了解字面的意義	5-IV-3 理解各類文本內容、形式和寫作特色。	R-2-1 了解指定訊息的定義或意義
	2-2 統整與推論文本的整體意義	5-III-5 認識議論文本的特徵。 5-III-6 熟習適合學習階段的摘要策略，擷取大意。 5-III-8 運用自我提問、推論等策略，推論文本隱含的因果訊息或觀點。 閱J1 發展多元文本的閱讀策略。	R-2-2 比較分析不同語句的意義關係 R-2-3 歸納段落間或整篇文章的主要大意

（續下頁）

PISA 2018 閱讀理解層次		十二年國教課綱「閱讀」相關指標	閱讀評量細項指標
評鑑與省思	3-1 評估品質與可信度	5-III-4 區分文本中的客觀事實與主觀判斷之間的差別。 閱 E6 發展向文本提問的能力。 閱 E7 發展詮釋、反思、評鑑文本的能力。 閱 J2 發展跨文本的比對、分析、深究的能力，以判讀文本知識的正確性。	R-3-1 判斷文章與閱讀任務的關聯性 R-3-2 判斷文章呈現內容的正確性
	3-2 省思內容與形式	5-III-7 連結相關的知識和經驗，提出自己的觀點，評述文本的內容。 5-IV-2 理解各類文本的句子、段落與主要概念，指出寫作的目的與觀點。 閱 E7 發展詮釋、反思、評鑑文本的能力。	R-3-3 表達自己對文章主題內容的判斷與看法 R-3-4 表達自己對文章形式寫法的判斷與看法
	3-3 偵測與處理衝突	5-IV-5 大量閱讀多元文本，理解議題內涵及其與個人生活、社會結構的關聯性。 閱 J3 理解學科知識內的重要詞彙的意涵，並懂得如何運用該詞彙與他人進行溝通。	R-3-5 揭示個人的立場或主張，並提出個人意見或建議

資料來源：作者自行整理與編擬。

以上依 PISA 2018 所列指標，筆者再細分成 10 項閱讀評量細項指標，至於各層次所需的題目數量或層次比例，參考下表依 PISA 研究中心所提供的試題比例配置，可約略得知第二層次的題目應最多，大約占試題的二分之一，第一層次與第三層次則為三分之一左右。

此亦可供命題時搭配之參考。

PISA 2015		PISA 2018			
		單一文本		多元文本	
擷取與檢索訊息	25%	瀏覽和定位	15%	搜尋和選擇相關文本	10%
統整與解釋	50%	文字理解	15%	多元文本推論理解	15%
		推論理解	15%		
省思與評鑑	25%	評估品質與可信度省思內容與形式	20%	偵測與處理衝突	10%

資料來源：https://www.oecd-ilibrary.org/education/pisa-2018-assessment-and-analytical-framework

▶ 閱讀評量試題範例

由於 PISA 2018 採數位形式的評量方式，在訊息檢索與多元文本（尤其是論壇式的非連續性文本）可以有較多的變化與設計。

然筆者亦期待依前述之探究，試掌握其設計要領，以目前中小學國語文教材之議論文本為基礎，仿照設計 10 題評量示例，或可供中小學國語文閱讀評量多元化之參考。

依本文所擬定之 10 項閱讀評量細項指標（並註明對應之 PISA 2018 閱讀理解架構），閱讀評量示例設計如下：

1 定位訊息（**Locate information**）

R-1-1 擷取某一段落內特定的字詞或語句（對應 PISA：1-1 擷取與檢索文本內的訊息）

⑴取材來源：翰林版國小國語第十冊第十四課〈永遠不會太晚〉

⑵題型：選擇題（複選）

⑶題目：在〈永遠不會太晚〉這篇文章中，作者提到了幾個人物的例子作為凡事只要有強烈的自我期許，就永遠不會太晚的例證。請勾選文中所出現的例子。

□ 醫生*　□ 畫家*　□ 企業家*　□ 船長

此題以國小六年級的議論文作爲閱讀文本，旨在題幹的提示下，要求學生對於基本訊息的檢索與擷取。學生只要能仔細瀏覽文本，回應此問題並非難事，此屬閱讀的基本能力。

R-1-2 尋找文章中相關的字詞或語句（對應 PISA：1-2 搜尋與選擇相關的文本）

⑴取材來源：翰林版國小國語第十二冊第三課〈自嘲是幽默的最高境界〉

⑵題型：選擇題（單選）

⑶題目：在〈自嘲是幽默的最高境界〉這篇文章中，作者舉了幾個例子作爲「自嘲」式幽默的論據。請問伏爾泰以幽默語言化解危機，是出現在哪一個小標題的內文之中？

（A）自嘲是一種態度

（B）自嘲是一種修養

（C）自嘲是一種自信

（D）自嘲的人大智若愚*

此題以國小六年級另一篇的議論文作爲閱讀文本，該文本除了課名外，另有三個小標題，屬其議論形式上的特色之一。

因此，本設計旨在題幹的提示下，要求學生先「搜尋」伏爾泰的相關訊息，再往前選擇相應的小標題，便可完成答題任務。同前題，學生只要能仔細瀏覽文本，回應此問題亦非難事，此亦屬閱讀的基本能力。

2 **理解（Understand）**

R-2-1 詮釋指定訊息的定義或意義（對應 PISA：2-1 了解字面的意義）

(1) 取材來源：翰林版國中國文第一冊第三課〈雅量〉

(2) 題型：問答題（填寫句子）

(3) 題目：在〈雅量〉這篇文章中，作者提及「我們不禁哄堂大笑，同樣的一衣料，每個人卻有不同的感覺。」請問此處的「哄堂大笑」是作者的同學說了哪一句話？請抄寫在下列的格子內。

*這衣料真像一塊塊綠豆糕。

　　此題以國中一年級的議論文作為閱讀文本，該文以日常生活的例子為引，討論人應有雅量的相關議題。本設計旨在題幹的提示下，要求學生針對文中較為抽象或精簡的四字詞語進行上下文的推論。學生只要能仔細閱讀該短語的前後語句，判斷

此語境中何者較可能引起哄堂大笑，即可抄下該句，完成答題任務。此屬閱讀中關於詞句理解的能力。

R-2-2 比較分析不同語句的意義關係（對應 PISA：2-2 統整與推論文本的整體意義）

⑴取材來源：翰林版國中國文第二冊第二課〈石虎是我們的龍貓〉

⑵題型：選答填空

⑶題目：在〈石虎是我們的龍貓〉這篇文章中，劉克襄以石虎為例，談論相關環保與開發的議題。此文以發現問題、分析問題與提出建議等三階段的論述；請先將文中相對的線索代號填入右欄中，最後綜合判斷本文作者的主張為何者？

甲、石虎棲地日漸縮小的原因	乙、石虎提醒我們淺山的美好
丙、以石虎概念創造相關經濟產值	丁、石虎數量銳減，引發關切
戊、石虎的死亡提醒了生存權的問題	己、發現石虎蹤跡的意義

論述順序	選答填空
發現問題	丁 戊
分析問題	甲 己
提出建議	丙 乙

R-2-3 歸納段落間或整篇文章的主要大意（對應 PISA：2-2 統整與推論文本的整體意義）

　　請統整上述內容，再檢視文章中的相關訊息，請問本文呈現出的整體意義為何者？

（A）石虎猶如龍貓般的珍貴難尋

（B）石虎與其他貓科動物的差異

（C）從石虎談三義鄉的開發計畫

（D）以石虎討論保育與環境議題*

　　此題以國中一年級下學期的議論文作為閱讀文本。該文以石虎為例，討論環境保護的議題。本設計旨在題幹的提示下，要求學生先統整相關訊息於表格中；再依整理好的訊息進行文本整體意義的推論。學生要能將候選的語句比照文中的位置，以及與三階段哪個階段相關；完成表格後，再參考文本，選出文章的主題。此屬閱讀中關於段篇的理解能力。

③ 評鑑與省思（Evaluae and reflect）

R-3-1 判斷文章與閱讀任務的關聯性（對應 PISA：3-1 評估品質與可信度）

⑴取材來源：翰林版國中國文第二冊第二課〈石虎是我們的龍貓〉

⑵題型：選擇題（單選題）

⑶題目：小智為了了解更多〈石虎是我們的龍貓〉這篇文章相關的訊息，想上網找關於石虎的危機，你建議他從哪一個網頁的標題先點入瀏覽？

（A）消失的石虎　http://leopardcat.net

（B）臺灣國家公園／關於石虎　https://npgis.cpami.gov.tw *

（C）路死觀察網 https://roadkill.tw

（D）石虎保育 http://shuj.shu.edu.tw

R-3-2 判斷文章呈現內容的正確性（對應 PISA：3-1 評估品質與可信度）

　　題目：承上題，如果上面的網站都提供了類似的訊息，哪一個網站最可以相信？

此二題承續前一篇國中一年級下學期的議論文作為閱讀文本。該文以石虎為例，討論環境保護的議題。本設計旨在題幹的提示下，詢問學生若於數位檢索過程中，可能遇到的情境。分為標題內容與網站品質可信度的判斷，以回應評估文本品質與可信度的閱讀指標。

R-3-3 表達自己對文章主題內容的判斷與看法（對應 PISA：3-2 省思內容與形式）

⑴取材來源：翰林版國中國文第三冊自學選文二〈不要再吃黑鮪魚了〉

⑵題型：選擇判斷

⑶題目：同學們回家閱讀〈不要再吃黑鮪魚了〉這篇文章後，五位同學進行了一場小小的討論。請依文章的訊息，判斷同學說的話到底是「事實」，還是「觀點」（只能擇一勾選）。

同學的發言	事實	觀點
奕迅：黑鮪魚是海中速度最快的暖血魚類。	✓	
杰倫：魚市拍賣場有繁榮與殺戮的懾人景象。		✓
惠妹：黑鮪魚已瀕臨滅絕的危機。	✓	
依林：養殖黑鮪魚需要許多野生的小魚。	✓	
紫棋：我們應該停止食用黑鮪魚。		✓

此題以國中二年級上學期的議論文作為閱讀文本。該文以黑鮪魚為例，討論海洋魚類保護的議題。本設計旨在題幹的提示下，要求學生先自行將全文閱讀後；由設計者提供虛擬的對話語境，供學生判斷該句是「事實」，還是「觀點」。學生除了要能將所列的語句比對在文中的位置，更要以思辨能力判斷該訊息是事實或是作者的觀點。此屬議論篇章閱讀之各項「論點」與「論據」判斷能力。

R-3-3 表達自己對文章主題內容的判斷與看法（對應 PISA：3-2 省思內容與形式）

⑴取材來源：翰林版國中國文第五冊第七課〈習慣說〉

⑵題型：問答題（省思內容）／選擇題（判斷形式）

⑶題目：〈習慣說〉一文以家中窪地為例，直到結尾言及「君子之學貴慎始」。你贊同他的看法嗎？請舉出生活中的例子作為你的理由。

　□ 贊成：*我的房間常常很亂，以為習慣就好，卻也常讓我找不到東西。

　□ 反對：*習慣有分好與壞，好習慣就應持續下去，才有刻意練習的效果。

R-3-4 表達自己對文章形式寫法的判斷與看法（對應 **PISA**：3-2 省思內容與形式）

　　承上題，依此篇文章的結構，你判斷其論證方式應爲下列何者？

（A）先總說後分說

（B）先舉例再論述*

（C）以正反例相比

（D）主張依層遞進

　　此題以國中三年級上學期的議論文作爲閱讀文本。該文以作者忽視家中的漥地爲例，討論習慣的養成要「愼始」。本設計旨在題幹的提示下，要求學生先自行將全文閱讀後；設計者詢問學生是否同意作者的觀點，並請學生說出理由以表達個人的看法，此屬內容的省思。其後，再讓學生回視該文，評估其文章架構，此則屬文本的形式省思與判斷。

R-3-5 揭示個人的立場或主張，並提出個人意見或建議（對應 PISA：3-3 偵測與處理衝突）

⑴ 取材來源：翰林版國中國文第六冊第六課應用練習〈臺灣 民眾使用智慧型手機調查〉（頁76-77）

⑵ 題型：選擇題／問答題

⑶ 題目：班上有三位同學閱讀完第六課應用練習的〈臺灣民 眾使用智慧型手機調查〉之後，對於其長條圖、圖餅圖， 以及「便利性／後遺症」相對列舉內容的表格等資訊進行 討論。

　　小安：「不管文章如何說明，我都照樣每天使用手 機。」

　　阿福：「我才不。如果對身體不好，我從現在起少用 手機。」

　　大雄：「我不知道，我想我們應該需再多了解才下結 論。」

你同意誰的觀點？｛選擇題／三選一｝

○ 小安

○ 阿福

○ 大雄

參考至少一則文章中的資訊，解釋你的答案。

此題以國中三年級下學期第六課應用練習所附的「非連續性說明文」作為閱讀文本。該文本呈現了長條圖與圓餅圖等統計圖表，另一頁則是以兩個表格分別呈現「贊成使用手機」及「反對使用手機」的意見理由，讓讀者自行思考。本設計旨在題幹的提示下，要求學生先自行將全文閱讀後；再設計一個對話的情境，詢問學生同意哪一位的主張，並請學生解釋自己的選擇。由於三位的主張皆不同，此題即可檢視學生偵測並處理意見衝突的情形。

根據前述內容，可知因應數位時代的來臨，中小學的閱讀理解評量設計應有其調整的必要，以下筆者提出關於中小學閱讀理解評量的趨向與展望。

▶ 中小學閱讀理解評量之趨向

多元文本並呈

由於中小學的閱讀理解教學，多半仰賴國語文教師或閱讀推動教師的指導；因此，主要的文本即是國語課本或國文課本。

然而，國語文教科書有其任務，無論是學習表現要求的聆聽、口語表達、標音符號、識字與寫字、閱讀、寫作，或是學習內容所列的文字篇章、文本表述與文化內涵，皆無法以「閱讀」為唯一學習目標，因此不易呈現其多元文本性。

我們對教科書仍有期待，或許可增加不同立場的議論文，或仿網路論壇方式的非連續文本，乃至於某些網路似是而非的訊息，並輔以圖表等多元文本，不僅可增加課堂的討論與思辨性，亦可為閱讀理解評量的取材呈現示範作用。這是值得努力的方向。

評量題型多變

多年來，無論是國小或國中，閱讀評量的題型幾乎皆以「選擇題」為主。

由本文之分析與仿照的示例觀之，評量題型其實具有可變的空間。

　　例如選擇題搭配問答題呈現的「混合題型」、多重複選題、表格整理填空、選擇立場並表達個人看法、判斷事實或觀點等，皆可因閱讀理解評點或目標的不同，而靈活變化設計。

　　尤其，中小學的定期評量並無國中教育會考或高中學測在時限內必須大量批閱的限制，應可更著重學生的「文字表達」能力。

　　畢竟口語表達與文字表達是兩大表達的途徑，若評量題型只重視選擇題類的「理解型回應」，而不重視問答題類的「表達型回應」，未來學生運用文字表述的能力將令人擔憂。

　　故建議中小學評量應可設計部分混合題型及問答題讓學生習慣以文字來表達自己的所知、觀點，甚至是情緒感受等，方能達成口語與書面皆能表達的目標。

數位評量設計

　　由 PISA 2018 閱讀評量得到的最重要啟示之一即是：數位形式的評量，已經成為未來的評量趨勢。

除了我們熟知的英語托福測驗已採用電腦化介面評量外，其實，許多公立或民營企業的證照系統也漸漸轉型為數位形式的評量，可讓應試者快速的得到評量結果的回饋，系統亦可於其背景以「大數據」的概念分析答題者相關的訊息，為題目的品質或評量答題設計等提供更多的資訊。

再者，由PISA 2018的評量架構可知，如檢索、搜尋、評估內容品質、偵測與處理衝突等閱讀理解能力不易在固定的紙本評量中設計，最好是模擬開放式的網路世界情境，提供給應試者最接近真實的答題經驗，較能讓閱讀理解能力真實的展現。

依此，建議學校或縣市層級單位可思考建置閱讀評量題庫系統，以數位形式進行閱讀或其他相關評量，除了可讓題型更為多變之外（如拖拉答案至表格中、於文本中標示關鍵語句、模擬於搜尋引擎鍵入關鍵詞等），此舉亦可快速檢視學生的評量結果，更可跨校、跨區進行評量結果的比較與分析，應該是一舉數得的評量系統設計，值得教師、學校及教育局處參考。

可看見的未來：多元文本與數位閱讀交融的世代

PISA 2018是以電腦螢幕介面實施的評量檢測，換言之，其本質便是「數位閱讀」。

亦即，除了應著重「多元文本讀寫能力」的核心目標，數位閱讀顯然已經是孩子們應具備的基本能力。

　　我們必須重新檢視目前各級學校對以科技載具進行學習或閱讀的態度，是否應在適切的課程中，讓孩子有機會以數位的形式進行資訊的取得與理解，畢竟這已經是不可逆的時代趨勢。

　　此外，PISA 2018 是採用所謂的電腦「適性評量」，適性乃是依據學生答題狀況由電腦程式主動調配題目的難易度，讓學生依其程度完成所對應的理解試題。

　　然而，若學生對數位閱讀不感興趣，或專注力低落，很可能會得到不佳的結果，無法衡鑑其真實的閱讀能力。

　　我們應該正視孩子的學習動機與態度，這比學什麼更為重要。

　　猶如《雙城記》的〈序言〉所示，這是個最好的時代，也是最壞的時代。

　　學校與外面真實世界的距離有多遠，或有多近，往往會決定教育對孩子們未來長遠的影響。

　　當多元文本與數位閱讀交融成孩子生活中資訊與知識獲取的重要取徑時，我們該如何看待與因應，值得吾人深思。

國語文定期評量的
閱讀測驗文本怎麼挑？

　　小學的定期評量大概從中年級開始會（也應該）出現閱讀測驗的題型，中學則通常以「段落」文本題組的形式，檢視學生句或段的理解能力。

　　無論文本形式如何，其後羅列的問題大抵是依閱讀理解四層次或三層次，或是「事實性問題」、「推論性問題」及「評論性問題」分題呈現。因此，審題時務必檢閱題目是否依不同層次設計，太偏頗或單一層次（只問一些基本問題）都應該修正。

　　然而，能不能有好的命題品質，其實與文本的挑選有關。

　　我認為，定期評量（無論兩次或三次），這些文本的取材，都「不能」與此次教學單元/課文完全脫離；換言之，應該有某些關聯。

　　基本上，可能是與單元主題或課文主題有關，也就是「內容」上的關聯；或與某些課文的「形式」（段篇架構、表述方式、寫作手法等）有關。

因為，定期評量乃基於「學習遷移」或「學以致用」的觀念而設計，課本教了什麼，就應該評量什麼，但不是照本宣科以記憶為基礎而設計，如「某課的課文大意為何者？」

而是以「某課的大意是什麼什麼，下列哪個句子也是有類似的意思？」的形式呈現。

所以，閱讀測驗的文本取材要基於課內的主題或形式，挑選內容上或形式上相關的文本，如此一來，在題目的設計上除了依不同層次命題外，也能以延伸探究或與課內文章互文比較的題目呈現，例如：

1. 閱讀此篇文章後，你對於哪一段印象最為深刻，為什麼？請以文章的內容舉例說明你的理由。

2. 此篇文章與本單元哪一課討論的主題/議題有關？這兩篇文章又有什麼不同的地方呢？

最後，要提醒的是，選文的長度要與課文的字數相當，字詞難度要相仿，可從國語日報或相關的兒童或青少年書刊中節選修正，並註明出處。

好的文本，是良好命題的基礎！

閱讀理解的文本擇取與評量

「我看書，這使我多活幾度生命。」三毛如是說，可見閱讀對於生命經驗的拓展，深具意義。

畢竟，閱讀的本質，就是和「作者」溝通（或者聽作者說故事），透過作品能看見不一樣的世界，甚至看見自己不曾發現的自己。

然而，閱讀的理解過程與結果，是非常私密、非常個人的，外人很難從讀者的態度表現知曉其領受或感動情形（除了某些時刻，讀者的開懷大笑或流淚哽咽之外）。

此外，又基於所謂的「讀者反應理論」，讓我們不得不關於讀者的背景經驗或情境脈絡與文本內容產生各種互動的可能。

基於此二者，所謂的「閱讀理解測驗」，我們即可簡要的定義為：透過刻意且系統性的評量設計，讀者藉受評的歷程與各式題型設計，可呈現其閱讀後的各類回應，讓他人可以略知其閱讀理解情形。

基於不同的目的，閱讀測驗可以分為兩大類：

　　一類是評估閱讀者的閱讀理解歷程，也就是所謂閱讀理解能力的檢測，如 PIRLS 或 PISA 的閱讀評量，或者中小學常見的定期評量閱讀測驗。

　　另一類是閱讀後的延伸寫作或創思發想，例如閱讀後的心得感想撰寫，或讀寫結合的相關活動（如仿寫故事、改寫故事、接寫故事等），甚至是改寫成劇本進行相關的戲劇表演，這可見於中小學國語文教學後的單元統整讀寫活動，或學校圖書館相關的閱讀推廣（如閱讀護照、閱讀學習單等）。

　　既然閱讀測驗的目的不同（一者為「內向」檢知閱讀歷程中的理解狀況，另一者仍是「外向」作為閱讀後的延伸表達），所需要的文本特質也不太相同。

　　如果該閱讀測驗是為了檢知孩子的閱讀理解情形，在文本的選擇方面，可參考 PIRLS 的閱讀理解歷程四層次，文本應有一定的字量，原則上，小學低年級應在五百字左右，中年級則是八百至一千字，高年級應有一千字至一千二百字之間的長度。

就文本的品質而言，必須考量是否可以檢測出重要訊息的提取、語意未清語句的推論、全文主題的掌握與詮釋，以及文本內容與形式的評估等不同閱讀理解能力。

　　因此，文本的內容必須有「主次分明」、「詳略得宜」、「隱顯兼具」等特質，在取材的來源方面，最好能「古今中外」多元並呈，另也應兼顧不同文類的納入，如生活故事、小說、散文、科普說明，甚至因應資訊時代而生的多元非連續性文本（如各式的網頁或通訊內容），也可以作為取材的範圍等。

　　依此，此部分的閱讀測驗的設計，特別著重命題的品質，以下提供 5 項自我審題的原則供師長參考：

1. 題目是否脫離文本內容，憑個人經驗即可回答？

2. 題目評量點是否非文本主題重點，或只是零碎細瑣的訊息？

3. 題幹敘述是否具體、清楚、明白，或是含糊不清？

4. 選項設計是否陳述簡要，並具誘答力？

5. 檢視所有題目是否能對應不同閱讀理解層次？

　　若此閱讀測驗目的是為了讓學生能進一步延伸寫出自己的心得感想，那取材可能要與孩子的生活經驗有關，比如家庭、社區或相關的自然環境。

如果閱讀的目的是為了提供寫作的參考，則可擇取段落結構明晰的文本，供學生「仿形式」的寫作活動；如果是為了其後的接寫，則可擇取較有想像空間的故事內容（如奇幻小說），較能有多元發展的可能。

　　總之，閱讀理解評量的目的不同，取材也要能依目的，挑選擇取合適的題材內容，當然，評量題目的設計也要參考相關命題架構，整合生活情境、相關策略、問題解決等素養導向設計原則，方能檢測出孩子最真實的閱讀理解能力！

文意測驗與閱讀測驗

　　上述討論中，已經分別討論了文意測驗與閱讀測驗的內容。於此節再以比較的角度，詳談在中小學的定期評量內容中，課內的文意測驗與另外提供一篇文本的閱讀測驗，在評量設計上，是否有差異？這是許多中小學教師關心的議題。

篇章測驗、觀念先行

　　幾乎每位國語文教師都不免須接觸篇章的測驗設計，然因觀念的不同，即可能生成品質有很大差異的測驗內容，造成評量品質的差異。

　　評量依其目的，大致可以分成 Assessment of learning、Assessment for learning 或 Assessment as learning。第一類是「學習後的評量」，包含課堂的隨堂練習，課本及習作等各項即時練習，主要是為「教學」服務，讓教師能即時掌握學生的學習情況，進而調整教學的步調與內容，這是最基本常見的，大部分的教師都有能力設計，最常見於課堂小考、習作、學習單等形成性評量。

其次是「為學習而設計的評量」，即從「檢視習得」轉移重心至「學以致用」，其特徵在於大部分的題目都是設置「生活情境」，讓學生將其所學習到的內容，適切應用，以解決某些問題，例如目前非常強調的「素養導向語文評量」（可參考拙作《屋頂上的貓》）即是此類。這類的評量，只要老師們額外接受過一些命題訓練或觀念的調整，即可設計出此專業的題目，本文所述的定期評量目的偏屬此類。

至於「學習取向的評量」，即是讓學習與評量亦步亦趨——學生看似接受評量的同時，其實也同步進行了新知能的學習。此類的評量設計難度最高，因為設計必須同時兼顧學習與評量，通常要由優質的教師團隊合作，專業分工，方能達到預定的品質要求。例如目前有些語文桌遊或線上的遊戲式閱讀測驗，皆附帶有此目的。

閱讀測驗設計程序

以設計一組具信效度的閱讀測驗而言，基本上會經過文本選定、評量設計、確認實施三個主要階段；若以細部程序而言，則會經過選定文本、文本分析、分層命題、文題修定、交互審題、預試修正、正式施測等步驟。

如果是課內文意測驗，大概會依不同年段及文本的難易度每課擇定一至三題不等的題目（以選擇題為主），教師主要是進行分層命題及交互審題的程序。建議在定期評量前一個月應設計完成並交互審題，方能依滾動式修正教學與評量內容。

至於課外的閱讀測驗，設計期間可較彈性，可及早準備，因為其程序階段也較課內文意測驗複雜，幾乎要經過選定文本、文本分析、分層命題、文題修定、交互審題等階段。若時間許可，則可在他校進行少量的預試修正及審修，定期評量時則可較有信心的施測。以下細談兩類測驗之設計原則。

課內文意測驗設計原則

課內文意測驗是指教師以教科書為主要內容的課內文意測驗，此乃基於「教師教學之後」，欲評估學生的基礎理解及推論、應用、延伸的能力所設計的。換言之，主要檢視教師在各課的「內容深究」與「形式深究」的教學成果。

然而，國語文教科書課文的編選主要目的是讓師生透過「課文」習得與生活或其他文本相關的知識、技能或態度，亦即，課文是學習的媒材或媒介，而不是以記憶或記誦課文內容為最終的目的。這也是筆者一直不主張教師過度要求學生「記

誦」課文，並在定期評量時以課文「記憶性」題目進行評量的原因，例如以下題目：

Q1：哪一個不是齊柏林眼中臺灣這塊土地的美麗？

(1) 農婦走過田埂，稻浪隨風擺動

(2) 陽光在海水中閃耀

(3) 海浪拍打著海岸

(4) 擁有世界最大的火力發電廠

Q2：在〈分享的力量〉一文中，諾貝爾是哪一國人？

(1) 瑞士　(2) 瑞典　(3) 美國　(4) 英國

上述的 Q1 必須記背課文方能回答；Q2 也是依賴記憶，而且因學生的背景經驗，也可能可以回答。類似這類「背多分」題目，實在與國語文能力無太大的相關，不得不慎。

由於學生在國語文定期評量（即所謂的月考、段考、期中考或期末考）時，無法「參閱」課文（應該很少有老師可以允許學生這樣的作為），因此命題技巧上最重要的思維是──

學生不因未精熟課文，而無法作答。可是教師又想評量課文的相關內容，於是，筆者建議除了課文關鍵語句的推論理解之外（如下 Q3），建議以「課內跨課外」的方式命題（如 Q4），或以生活情境呈現「學習遷移」的效果。例如：

Q3：在〈擅長推理的人〉這一課中，華生說：「你的意思是，你只要動動腦就可以解開別人解不開的謎團。」這句話表現了華生什麼樣的語氣？（關鍵語句）

(1) 肯定

(2) 難過

(3) 懷疑

(4) 驚嚇

再者，以評量重點而言，課內文意測驗主要聚焦在關鍵語句、大意、主旨、寫法分析（如下 Q4）或重要語文相關知識（如標點符號、應用文格式、題辭等），但又不應以課內為限，因此評量設計應以前述的課內、課外文本的「互文」設計作為命題的思考。例如：

Q4：在〈擅長推理的人〉這一課使用了許多的「對話」進行文章的敘寫，請問下列哪一篇文章也很適合使用大量的對話讓文章更為生動？並說說你的理由。（寫作技巧）

⑴ 我最喜歡的禮物

⑵ 如何進行推理

⑶ 校外教學一日遊

⑷ 令人難忘的一個人

*請以簡要明白的文句說明你的理由：

課外閱讀測驗設計原則

　　相對於以師生國語文教學歷程為主的課內文意測驗，定期評量後面的「課外」閱讀測驗，通常會由命題老師挑選一篇長短適宜的文章，並於其後設計幾道題目，以檢測學生的「閱讀理解」能力。亦即，有別於「課內」的文意測驗主要針對課文的重點進行評量，「課外」文本的閱讀測驗則是以評估不同年段學生的「閱讀理解能力」為主要目的。

首先，在文本的選擇上，建議以此次定期評量範圍相關單元主題或重要文類為選材的參照，例如此次單元是「家鄉美景」，或可於一般兒童書報雜誌或兒童文學作品中選擇有關的篇章，文章內容可適度修整成長度和課文差不多，或符合該階段學生可專注閱讀的長度（通常中年級應該是800字至1000字之間）。或者該單元有童詩或寓言，亦可取其相同文類的文章作品作為閱讀的文本，較符合課外文本延伸自課內單元文本的概念。

　　其次，在小學階段低年級及中年級應參考PIRLS的提取訊息、推論訊息、詮釋整合、比較評估四層次為命題架構；高年級至中學階段則以PISA的檢索擷取、理解詮釋、省思評鑑三層次為主（PISA 2018已修正為數位閱讀的定位訊息、理解、評鑑與省思，但不完全能適用於紙筆測驗）。

　　依此，課外閱讀測驗題目通常以「題組」形式呈現，約莫設計4至6題，原則上應對應不同閱讀理解層次，以判斷學生的閱讀理解能力狀況。對此部分若有興趣，可參閱拙作《高效閱讀》或相關閱讀提問設計的專書，作為命題設計的參考。若以〈壁虎溫暖〉一文為閱讀測驗（可自行上網檢索此文本），其四道不同層次的題目示例如下：

1.郝冷為什麼很快就發現影印機附近是最溫暖的地方？（直接提取）

2.郝冷的尾巴斷了，對他造成一連串的影響。請寫出來。（直接推論）

3.你認為故事中的郝冷除了怕冷以外，是一隻怎樣的壁虎？請從他說的話、做的事找兩個例子來支持你的看法。（詮釋整合）

4.作者一開始就說壁虎的名字叫郝冷，為什麼他卻把題目定為「壁虎溫暖」？（比較評估）

　　總之，「課內」文意測驗，應秉持「學以致用」的命題原則，或以「學習遷移」另設情境作為選項內容，而不只以「課文零碎訊息的記憶」為命題方向，方能展現「語用」的目標。至於「課外」的閱讀測驗則以檢視學生閱讀理解能力為核心，應有不同層次命題的概念，方能檢視學生目前的閱讀能力。

給我一把尺：
素養導向寫作評量設計

寫作能力可以說是語文綜合能力的終端表現。

在日常生活中，我們會透過聆聽與閱讀以理解語音或文字，經由吸收、轉化，成為我們認知的材料或思維的邏輯。

此外，我們會以口語表達來傳達個人想法或所知所聞，達成基本溝通的目的。

寫作，則是要整合前三者的能力與經驗，再度揉合、精緻化，形成言之有物、言之有理與言之有序，乃至於言之有情的段落或篇章。

寫作，何其不易；寫作評量，更是語文評量之中，最為複雜的設計之一。

以歷程而言，依十二年國教課綱之寫作表現所示，完成一篇作文，應經過審題、立意、選材、組織等步驟，並審慎其遣詞造句、反覆修改潤飾，以寫出結構完整、主旨明確、文辭優美的文章。

一般而言，學生經過國小六年的作文習寫，對於記敘、抒情、說明、議論不同文本的寫作應有一定的經驗與基礎；自國中開始，應靈活應用仿寫、改寫等技巧，整合不同表述方式，形成觀點獨立完整的篇章作文。

　　到了第五學習階段的寫作，則期待以寫作關懷社會、抒發己見、影響他人作為寫作的最終目標。

　　依上所述，學習寫作、擁有良好的寫作能力，是一段漫長的歷程。

　　加諸目前強調具「素養」的寫作能力：要求學生能在生活中，運用寫作能力、寫作策略，以寫作解決他在生活中所面臨到的問題。

　　比如，寫日記記錄自己的生活、寫一封信給友人表達想念之意、寫一篇讀書報告呈現心得與感想、寫一篇評論性的文章展現個人觀點，乃至於製作某活動海報達成宣傳行銷的目的等。

　　依此，我們該如何為不同學習階段學生的作品進行評量呢？

我認為應「持其大者，輔以微學」。

所謂大者，即是該學習階段最重要的學習／評量重點；微學則是相關的或次要的評量細項。

依不同學習階段，簡要陳述如下：

小學低年級「句段完整」：句子要意思完整、用詞正確、語序通順，並試著以「我手寫我口」的原則，請學生能先透過口語表達試說一次，再書寫其所說的幾個句子，形成一個具完整意思的段落。

此階段主要評閱的文本表述方式為順敘的「記敘」手法，亦兼含學生感受的直接「抒情」。

小學中年級「組織成篇」：建議以「計畫性歷程寫作」為學習的重點，並以「分部評量」的方式進行之；亦即依審題（我對這個題目的解讀與思考）、立意（我可以朝哪幾個方向書寫）、選材（我要為各段蒐集並整理哪些內容）、組織（我要如何安排這些段落的順序）等四個分部的重點，逐步評量學生在這歷程中的表現。此部分可用口頭評量，也可以評量學生的寫作計畫稿。此階段除了記敘文本的習寫外，亦可兼習應用文本、說明文本的練習，也可試著仿寫童詩。

小學高年級「多元表述」：原則上，中年級奠定成篇作文的計畫性寫作思維與習慣後，高年級則求表述方式的多元呈現。

　　教師可試著評閱學生在說明事理、思辨議論等不同文本的表現情形，學生亦可練習創作童詩或撰寫生活故事。

　　此時，記敘、抒情、說明、議論與應用五大類的文本表述應有相當程度的掌握。

　　以寫作的學習表現而言，國小階段應是「奠基成熟」，到了國中核心重點為「觀點獨立」，亦即評閱學生作品的「完整一致」、「觀點獨立」、「態度積極」等面向，期待「文如其人」，以文章表現個人的想法或觀念。

　　最後，高中階段則強調文章應具「說服感染」的能力，可運用所習得的文學表現手法適切地敘寫，期待以文章關懷當代重要議題，或抒發個人情感。

　　無論如何，「修辭立其誠」，莫忘寫作時應「內容」優於「形式」，以真誠的想法或情感作為內容，再輔以相關語彙辭藻或修辭技巧，方是寫作學習或評量時的真義。

在記憶與冰箱之間：
談「國寫」所需的寫作素養

經過了十二年國民教育課程的學習，面對九十分鐘內要完成三個不同要求的寫作題目，該如何適切展現其寫作能力，並作為大學入學申請所需的能力參考，對一名高中生而言，可謂茲事體大，其重要性不言可喻。

依大學入學考試中心公告的 110 學年度學科能力測驗試題，其「國語文寫作能力測驗」分為二大題，第一大題有兩個問題，分別占 4 分及 21 分；第二題則占 25 分。

依題目設計來看，第一大題的前導文章分為兩段，第一段首句提問「記憶可以被編輯或刪除嗎？」並引用《王牌冤家》及《健忘村》兩部電影的情節呼應記憶如果可以被編輯或刪除，可能產生的狀況。

第二段則是以較科學性的角度，以澳州某大學的實驗研究及政治學教授提出的思想實驗，來試想如果真有此類的機器，人類將如何抉擇。

第一大題的第一個問題是問兩部電影在刪除部分記憶劇情上的差異，並且限制在80字以內（或至多4行）。

　　很顯然的，這是評估學生「說明文本」的摘要能力，學生須先檢索題意指定之相關文本訊息，接著比較、分析與摘要，以簡明通順的語句來陳述其內容。

　　這約略是國小中年級開始就會慢慢習得的能力，應可在高年級或國中具備這樣的能力。

　　第一大題的第二個問題針對「經驗機器」這個可編刪記憶的虛擬議題，要求學生「權衡利弊」，表達自己的立場與意見。

　　由於文字限制400字（或至多19行），可見這是以「議論」為主的表述方式的題目。

　　學生可於首段即表達自身立場，亦可於末段再揭示自己權衡利弊後的立場選擇。

　　無論是「利」大於「弊」的肯定支持，或「弊」大於「利」的否定反對，都應以自己的相關知識或經驗作為其論述的證據。

簡言之，這是檢視學生能否以議論文的表述方式，呈現其論點、論據，並以合宜的論證邏輯，以表現其議論能力。

　　接著，就是近來引起社會大眾熱議的「冰箱」題了。

　　第二大題有兩則前導文本，一則是柯裕棻的〈冰箱〉，將感情比喻為冰箱，偏屬感性詩意的短文書寫；另一則改寫自黃麗群的〈如果在冬天，有一座新冰箱〉，屬記敘中帶個人思考的散文書寫。這兩則的前導文本，提示學生能以感性與想像，以個人主觀的思考為基礎，進行感性散文的創作。

　　在主要命題「如果我有一座新冰箱」之前，有三個提問以促發學生的思考，分別是「經驗提示」：打開冰箱，想找什麼，會看見什麼。

　　其次，「假設想像」：對於這一座屬於自己的新冰箱會有什麼想像；關鍵詞於「屬於你自己的」，不是別人的，也非共享，此刻會有什麼樣的想像與感受。

　　最後，「生活期待」：這座冰箱將會放入什麼，所放入「收藏品」與個人美好生活又有什麼關係。這篇不限撰文的長度，代表可讓學生盡情發揮，但時間有限，仍應注意通篇的完整性，架構的合理性等篇章的基本要求。

此題之所以最受到社會大眾的關注，一方面是因為「冰箱」是生活中常見的家電，感覺很容易著手，畢竟它的功能簡單且明顯——收藏、保鮮，幾乎不同程度的學生都能書寫；然而，另一方面，學生的書寫要能出類拔萃、與眾不同卻又不容易，因為無論寫「實」或寫「虛」，甚至是「虛實交映」，都要基於明確的立意、特殊的取材、用心的組織，以及詳略得宜的修潤，方能勝出、引人注目。

　　綜觀此次的國寫測驗，雖然引來社會眾多的討論，但從文本表述的角度，學生第一大題要能展現摘要「說明」、「議論」的能力，第二大題則要能依個人知識、經驗、想像與感受，展現其「記敘」、「抒情」的能力。

　　充分體現十二年國教語文素養不僅應具多元文本的識讀能力，更要能依不同的寫作目的呈現四大類文本的表述手法。

　　這也揭示了高中生除了基礎學科的學習、知識的積累之外，日常生活中的閱讀與觀察、感受與想像，乃至於思考與聯想等寫作能力的陶育，都是良好寫作表現不可或缺的態度與習慣。

遇見生活的
這些那些

臺北正下著傾盆大雨。

我從另一棟教學樓走來，

因沒帶傘，索性，映著昏黃的燈影，自在的雨中徐行。

其實，大雨沒有想像中的大，

雨水像一條條水晶，軟軟的落下，

在地上迸出水花，在我的鞋首引走。

我的衣，我的臉，被她親吻著。

我喜歡她如此的現落，是秋的告白。

2017.10.12

～我用文字記錄生活

2020的紐西蘭

〈紐航機艙內〉

看著座位前的小螢幕：現在時刻 21:57（臺灣時間），高度 11278 公尺，時速 978 公里，應該在靠近赤道的某個海域上空。

「梅干扣肉」和「老少平安」，這兩道茶餐廳的招牌料理，如何連繫兩個人的故事呢？在《非分熟女》這部電影裡，精彩的內心互動，透過料理的再次生成，可以約略體會到那些人際纏繞的糾結……

還有，原來會做菜的男人，真有一股無以言喻的風采，那是種純粹的態度，佐以滿滿的愛。

〈奧克蘭的港灣〉

長達十一小時的航程，鄰座不認識的大哥，只要睡著，就鼾聲如雷，我幾乎難以入眠，就這樣恍惚地抵達上午十點半的奧克蘭。

地面溫度 23 度，一陣陣海風吹來，還是挺受涼的。
過了機場海關後，先到 Voda 電信買了一張 20G 的 sim 卡，開

始和世界有了連結。接著到 AVIS 向一位不斷跟我說 you are so lovely 的大姐辦好租車手續，（她對我說 This car is brand new, so lucky you are. 還對我眨了眼），我便走向這十四天將陪伴我的白色 RAV 4。上次開 Toyota 是十幾年前了，車大，性能甚好，只是不習慣右駕。

中午在 Danny's 餐廳簡單吃了一個套餐（20 ZND），休息一下，便到 Rydges 酒店入住。小憩後，背著側身的帆布袋，迎向海味走去（在海邊長大還是挺熟悉的）。海軍博物館附近人潮洶湧，尤其各式異國料理比鄰而立，我挑了義大利餐廳極好的位置。雖然一餐下來一千多臺幣，自在悠閒還是要付出「代價」的……

坐了不知許久，又去附近走走逛逛，淡鹹的海風，勾起許多回憶，有好的，也有更好的。
這樣的光景，一切盡是美好。

〈漢米爾頓遇見愛麗絲〉

If you don't know where you are going,
any road will take you there.
— Lewis Carrol 《愛麗絲夢遊仙境》

在漢米爾頓花園瞥見銅像下的銘牌，如是說。

是呀，這次旅行除了機票、租車，以及先預定的住宿，其餘都是未知。那本《紐西蘭自駕遊》旅遊書，也只是隨意翻翻，何時會在何地，都是 by the way。

今早離開沒什麼行人的奧克蘭中心「商業區」，開始由一號國道，南行。

中途刻意進了休息區，和臺灣商業繁盛的服務區相比，這裡只有少少的過客，一派清閒。

高速公路高低起伏，多丘陵彎路，陽光刺眼，某些時刻睡意惺忪，幸好高科技的等距跟車系統，讓我安心不少（會自動減速轉彎呢！）

中午左右就抵達今天主要的景點：漢米爾頓花園（其實我對這景點一點也不了解）。停好車，隨人群走到各式主題的花園，可能跟好吃的個性有關，我在 Kitchen garden 停留最久，哈哈。原來奇異果像葡萄般長在藤蔓架上！

這花園太大了，陽光燿然，我走一下，只要看見亭子，就躲在陰影下，估計我回去，應該像從非洲遠行而歸的浪子吧！

下午三點多肚子餓了，開車沿途經過 Waikato University ，Grey street 兩側都是商店，幾乎都沒開門（週一中午，不懂）。只

有一間 WINTER & WINTER，三位年輕人開的美式烤雞店營業中。我點了 1/4 烤雞加蔬菜，哇，十分美味！其後入宿一家汽車旅館，真是乾淨便利，果然是自駕客最佳的選擇。

傍晚（其實都快八點了），太陽終於要下班了，趁著美好的餘光，坐在門前的長椅，看著未完的《單車失竊記》，阿斯巴出現了，接下來，會發生什麼事呢？幸福牌自轉車，真的會帶來幸福嗎？
讓我們，繼續看下去……

〈瑪塔瑪塔小鎮〉
早上睡得比較晚，因為主要行程安排在中午及傍晚。離開汽車旅館很簡單，把鑰匙放在門口的「key in」信箱即可。

襯著陰天，駛上國道，兩側盡是褐黃大地，偶見一些牛或羊低頭吃草，一切顯得很安靜。

近中午時到了藍泉（Blue spring），走了一小段路後才發現這是一條河，沿河的步道慢行，有時很靠近水面，有時卻居高往下望，告示板上的說明是：因為這泉水含有某種礦物質，只吸引紅光，因而反映出在我們眼前的是藍的、藍綠的、綠的、青綠的、碧白的河色，水草因營養豐富長得特好，似長長的青繡帶，隨湍急而清澈的河水慢慢飄盪，甚是美麗。走了一個小時，似乎只走了一半，也有些疲累，決定返程。

離開藍泉，就直接開往今晚的住宿地。

Matamata 是個可愛的小鎮，幾乎都是別墅型的房子，有大大的庭園，自成一格，偶爾可以遇見居民穿著運動服快走或慢走，直到商業街，才有許多車子通行。隨後入住百老匯汽車旅館（一點都沒有 Broadway 的氣息），可能吃了午餐，特別睏。躺在床上不知何時，便沉沉的睡了。

四點左右，起身出門，參加網上報名的哈比村（Hobbiton movie set）參觀導覽的行程。其實我對電影《魔戒》沒什麼太多的興趣，大概比較有印象的反而是該小說的作者「托爾金」，只可惜，全程導覽都在說明該電影導演如何因愛護故鄉而在此設置電影場景云云……

晚上再回到鎮上的超市，買了鮭魚、牛肉，還有花椰菜，在這提供簡單廚房的旅店準備了豐盛的晚餐。旅行在外，食物能解除疲勞，也能舒緩莫名雜念，當然，也會勾起某些往日的思念。

〈懷特摩螢火蟲洞的那一聲〉

又是十點才起床（其實在臺灣也只是五點，算早起吧）。早餐過後，本想直驅今天唯一的目的地——懷特摩，總覺得開了三小時只為了一個地方，有點傻，於是又找了個景點～Kiwi 鳥園。近兩小時的車程，來到這個鄉村的小鳥園，停車時還遲疑了一會兒，真的有 Kiwi bird 嗎？

買了一張要價 500 元臺幣的門票，穿著乾淨綠色上衣的櫃員，很認真的拿著地圖告訴我如何參觀，還有一些注意事項。

第一站進入了一個很暗很暗的房子內（心想，這是什麼鬼地方），突然有人叭啦叭啦的說起話來，等眼睛稍微適應，才發現我前方都是人，但只有很模糊的身影。

聽著認真解說的導覽員說明 Kiwi 如何的稀有，我雙眼便開始搜尋在隔音玻璃後方他說可能會出現的 Kiwi。哇，冷不防牠從某處以低頭覓食的姿態從我眼前走過，完全沒注意那個注視牠的我～（原來牠是夜行性動物，又非常敏感）。

在遇見 Kiwi 之後，在鳥園以同心圓的方式，一圈一圈的繞到中間的大鳥園，隨意逛逛，沿途遇到的就那些同在暗室的紐西蘭老人們，他們都微笑地向我說 Hello。結束鳥園之旅後，便往懷特摩洞穴前行。

在懷特摩旅客中心買了票，依指示在入口等 15：30 的導覽（不能自己走，只能一團一團進）。我這一團幾乎都是中國人，導覽員是一位約莫六十幾歲的原住民女生，身高不高，講話卻明晰有力。

她先帶我們參觀鐘乳石，並說明這是如何複雜的地形，其後到了一個小洞穴，解說這裡的螢火蟲 Glow Warm，是一種會吐出黏液的蠕蟲（當然不會飛）。牠們在洞穴的頂面大片的聚集，爲了吸引獵物，會發出藍色的光。隨著導引，我們上了一條小船。

在暗黑無光的河道上緩緩前行，所有人都屏氣凝神的抬頭望向那天藍色的星光點點，如夢似幻，無比靜寂。就在這一刻，我左前方的大叔，突然發出極響的屁，我們後排幾個，又不敢笑出聲，只是揮動著手。終究，我旁邊那對情侶忍不住抖抖的笑了起來，我也偷偷吸了一口氣，這時船兒已經輕輕滑到了洞口，結束這天最難忘的行程……以那毫無防備的一聲！

〈東加里諾火山〉

先回顧一下昨晚和印度裔旅館老闆長達半小時行程討論的結果：東加里諾火山來回 18 公里／八小時的登山……（這不OK）；騎車半天＋半天的健行……（可是就沒有看到火山了）；二小時的小瀑布之旅＋東加里諾火山纜車……（這個好！）。

無奈早上起來，打開窗戶，遠方山嵐罩頂，眼前竟飄起了細雨。我的小瀑布之旅呢？怎麼辦！買了一杯咖啡，看了氣象，中午可能會轉晴，也許我回程時，一切都大不同了……（哪來的樂觀呢）。決定如計畫前行。

半小時的山路，到了老闆說的停車場（已經有五、六輛車子在那），依指示步入林間小徑，雨絲斜斜從葉間穿入，打在衣帽，也撲上了臉頰，偶然來了一陣山風，樹一晃，就會落下大片的雨。

就這樣在小徑行上走下，沿途各式植物，忽而幾隻輕囀短鳴的山鳥飛跳眼前，我便會駐足尋望牠們，一會兒，就渺無蹤影了。也遇到了幾個老外，彼此輕聲的點頭問候，一切盡在綠意盈滿間，安詳美好。

約莫五十分鐘的路程，到了Waitonga Fall。其實是非常小的瀑布（細細長長，如絹如絲），但走了這一程，也是值得給自己鼓勵。

結束這近兩小時的瀑布之旅（回程，陽光初現），便前往第二
個目的地（其實也是最後一個）：東加里諾國家公園。一個半
小時的車程，從山下海拔 5 百多米，慢慢彎路上山，到停車場
時海拔已近 2 千米，氣溫只剩 11 度，我把所有的長袖都穿在身
上，往標示著 Tickets 的小木屋走去。

（奇怪，怎麼沒什麼旅客）一位年輕漂亮的小女生主動跟我say hello:"May I help U？"我說我想買纜車的票。她說，今天風大，又可能下雨，所以就停駛了（她還說，你應該先上官網看營運狀況……）。不過，她看我失望的臉，接著指向一個地方，說那裡有一條小徑，會有意想不到的美景，see U。

那其實沒什麼路，我就走著走著，沒路了，探首一看，全身發麻，那就是個斷崖，向下應有一千公尺深吧，底下好似有一條極細的小河。臨去前，我回頭遠望前方雪白的山頂，心想，好吧，下次再來看你，挑戰一天來回18公里的火山口之旅。

旅行，猶如人生，充斥著不確定，就像今日在此地的我。誰知道，明天又會在哪裡呢？

〈陶波〉

陶波湖是紐西蘭最大的火口湖，據說面積和新加坡一樣大，我站在岸邊，遠望那座孤單的白頭火山。

這裡有點類似墾丁南灣，湖風徐徐，隨意坐在草地上，紅嘴鷗會走過來看看你有沒有食物，我搖搖頭，牠裝作不在意，不久就展翅飛離。

今日豔陽高照，讓人哪也不想去，胡卡瀑布似乎又是必到景點，十分鐘路程停好了車，再步行五分鐘就到了 Huka Falls。然而美景當前，也止不住我急欲逃離這炙人的陽光。我決定回到汽車旅館，開冷氣，看書。
（嗯，阿雲究竟如何與自轉車相遇呢）
直至傍晚（大概就是七點半左右），我離開旅店，順路走下，即是湖邊步道，向左走。右邊是碧藍寧謐、粼粼波光的湖面，左邊是環湖公路，車輛熙來攘往，一左一右，代表世界的兩種速度：左是條理次序分明的理性世界，右是時間怠慢從容的感性浪漫，我居中信步、竟逢其界，倏爾，一陣清風輕拂，甚忘何處！

在紐西蘭，每天八點半才日落，此時出來散步，最是舒爽。看見前方有許多遊人在湖裡游泳，有三二好友，有全家同樂，還有一對黑天鵝乘風破浪的前行，我坐在厚實木質長椅上，想過去，想未來，更多是如夢的念想，一度也混雜了悲傷的記憶。

面對當前的日落，正是一種隱喻。

〈on the way to 羅托魯瓦〉

今天是週末，剛好有「陶波假日市集」。在地市集最能感受居民的生活風格，若有時間，必須走走逛逛。市集位處往山上某一社區旁的大片綠草地，停好車，循著無規律又保有某種默契的攤位擺置，開始了這有趣的探索。

大部分的攤位陳售當地的有機蔬果、各式小盆栽、簡易餐食或咖啡；當然，最引人注目的，就是各類的手工藝品，如項鍊、耳環、木雕等。我在一處標示著「No photo」的攤位停下，桌上有簡單的說明牌立著，寫著：「這裡所有的畫作，都是由Sue 創作而成。她自 1963 年就住在陶波，自 2015 年開始用特別的方式（不用畫筆、筆刷）作畫。這裡沒有一件作品是相同的。」我環視一圈，目光停留在那隻優雅而孤獨的「黑貓」上（牠領項有個蝴蝶結），背後有些五彩繽紛的圖案。

就是你了。

正當我專注這作品時，作者 Sue 悄悄的站在我身旁（Sue 應該有七十歲了，不高，微胖，滿頭捲捲的白髮）。我微笑說：「I like it, l want it.」Sue 開朗的回應，That's great! 她以 45 NZD 賣給我。離開前，她溫柔地拍拍我的臂膀，say goodbye。

往羅托魯瓦僅需一個多小時,接下來三天都住在那,行車的步
調便放慢了許多。約莫十幾公里,又回到高低起伏的森林或草
場夾道的景緻。我注意到一個褐色的指示牌(觀光景點)指向
左轉有個「LAVA GRASS GARDEN」,直覺地轉向,不久就
到了。

天氣非常熱，進了一間白色的小屋，是一個小小的展間，展示藝術家主人的作品，一位親切的櫃員阿姨，跟我介紹這園地的參觀重點。我點頭微笑，道謝後便走到咖啡廳，一杯冰咖啡，才是此刻最佳的伴品。

一小時的車程，往羅托魯瓦，這又是一個湖邊的小鎮；小鎮，迷人的地方在於可以隨意行走，適合沒有計畫的人，如我。

傍晚，到住處附近的 SkyLine 搭纜車上山，可以一覽羅托魯瓦的全貌。這湖很特別的地方在於湖中有一座島 Mokoia Island，讓我想起前些日子寫的～

…………
湖中有一座小島，
島上有一棵樹，
樹上只有一片葉子，
葉子的葉脈是一行行細密的字……

是我寫給妳的一首詩。
…………

〈懷念的女孩〉

早上自蒂普亞噴泉／毛利文化園區回來的路上，經過了第三次，再也止不住誘惑，彎進停車場。

好久好久以前，我還住在屏東的小漁村，偶爾會因為某些原因，若可以「進城」，就會有莫名的興奮。進城，就是到高雄市，尤其是大統百貨公司及火車站附近的商圈，對我這鄉下小孩而言，充滿了許多的新奇與期盼～「喔，原來還有這，還有那呀！」

從東港搭乘國光客運，約莫一個小時，就會抵達終點站高雄火車站。在終點站前的左側，你稍向上望，就會看見一個綁兩條辮子，臉上有雀斑的小女孩對你開懷的笑，大大的臉底下，寫著「Wendy's」。

那時，吃漢堡是非常奢侈的事，印象中我只進去點過一杯小奶昔，每次經過，都只是向內張望，想像那一層層的牛肉生菜蕃茄究竟有多美味……

十八歲那年，我離鄉到臺北讀大學，就再也沒機會吃到溫蒂漢堡了。（其實，臺北應該也有，但後來因爲麥當勞、肯德基等速食餐廳充斥，對「她」就沒特別印象了）今天再次看到溫蒂漢堡，下面寫著 Old fashioned 還眞讓一堆回憶趕上來懷舊呢！

回到稍早的活動。早上到蒂普亞（Te Puia），這裡最有名的是間歇泉。比起依指示往觀景區走去，鼻子首先收到濃濃的「訊號」，和北投的貴子坑、龍鳳谷完全相同。

走出小徑，突然開闊一片，一片白灰、間夾淡黃的巨大平臺，平臺下有一兩池碧藍的泉池。大家都倚著欄干，似乎在等待些什麼；陽光實在太強了，我覓到上有帆布的椅子，和隔壁一對老夫妻齊坐。

那一刻，時間凝固了。天空的雲，靜止不動，紋風，推不動葉梢，也不見任何蟲鳥的蹤跡，整個園區，像是一幅靜置的油畫。忽然，一聲驚呼傳來，3 號泉口先是陣陣煙霧竄升，接著噴出十多米高的泉水，猶若有人藏匿在下方操控巨大的水舞；其旁的 2 號泉水不久也隨之噴出搖擺，一高一低的即興演出，周圍的人都專注的用手機記錄眼前壯觀的自然奇景，深怕漏失一秒的畫面。

其實，這間歇泉自 1886 年火山爆發後，就日復一日地，每隔
三十分鐘就噴發一次，像是固執的街頭藝人，不求打賞，只求
盡情演出，直到「熱情」消逝，才回歸平靜。

今天的豔陽實在太銳利了，午后，就回到旅館，沖個澡，開冷
氣，舒爽的睡到傍晚。（好似作了一個美夢）

〈紅木森林〉

在市郊的紅木森林是到羅托魯瓦必來的景點之一。停車場分散在步道入口的兩側，依指示，可任意由小徑進入主要步道，環形步道共長 3.6 公里，慢慢走，就會回到原處。（讓我想起內湖的碧湖公園）

這森林高低可約略分成三層：上層是高聳的紅木，應該有十層樓那麼高，它如領主般的伸平展開枝葉，接收主要的陽光；中層是樹蕨類的植物，各自找光隙，讓光芒溫柔的降落在銀綠色的葉子上，這不強不弱的光，是它們的最愛；低層，一路與我相伴的，就是各式各樣的草本植物，它們安分地撿拾餘光，靜瑟地和小昆蟲們低語。

走了一圈，約莫一小時多吧，沿途遇到幾個騎單車的遊客，其餘只有自己的腳步聲和森林對話。對了，這森林的全名很有趣：「Whakarewarewa」我翻成了：哇卡雷瓦雷瓦，那好似某人第一次遇見這森林時發出的讚嘆呢！

***

午休時間，我斜躺在床上，看見前方有個螢幕，尚無睡意，就來瀏覽一下電視節目吧。前三臺畫質特別好，看起來像是公共電視之類的，播放新聞、體育，還有「百萬富翁」益智節目。再往後轉，有脫口秀、理想家居、影集……，猜，最後我停在哪裡？

烹飪。我喜歡節目中的廚師很輕便的穿著、不怎麼樣的刀工、烹調時的隨意，偶爾停下來對我聊兩句。

他展現的，不是廚藝，而是透過想像，賦予食材交流的可能，呈現出某些意義，一種獨特的生活態度。

沒多久，（應該是他完成馬鈴薯紅椒起司那道菜時）我就昏昏睡去，又是美好的午夢。醒來後，七點多，到附近的湖邊走了一段，遠遠看到兩架水上飛機在休憩，近看碼頭邊則有許多黑點，是什麼呢？

哇，一大片的小黑鴉，看似都在休息了。每隻都把頭扭向後面，嘴巴插在背上的羽翅裡，彼此默契十足的保持距離，深怕驚擾到夥伴。我停了一會兒，便悄悄輕步地離開牠們的夢鄉。

〈時間〉

那一年，火山爆發。大地裂開了多道狹長的縫，某些地方，則陷落成大小不一深長的洞。不知過了多久，迎來了一場酸雨，日呀夜呀嘩啦嘩啦的下著，那地方便形成一畦一畦的綠池。

其中一個洞特別深，口寬圓、底細窄，大約有 76 米，若剖面看來，就像是一個開口向上的大喇叭。大嗽叭上接雨水，底部同時導入了大量的溫泉，由於富含各種礦物質（還包含金、銀），沒多久，便形成一池碧綠。

然而，她可不安靜。湖底許多細縫不斷的冒出泡泡，由下向上快速飄浮，那些都是 Gas，一點火就會爆炸。湖面上因 75 度的高溫，谷風一吹，常年都飄著雲霧般的蒸氣，遠觀甚美，如似仙境，近靠卻因濃烈的硫黃味，不堪久留。真所謂，可遠觀而不可褻玩焉。這就是 Wai O Tapu 溫泉。

過午，路經愛歌頓皇家牧場。自一進場坐定，就萌生離開的念頭。實在不想看那些動物被訓練成謀財的工具（有三隻羊一天要假裝被牧羊犬趕三次，無言），不久就離開了。

開了一小時的車，抵達帕帕摩，一個靠海的城鎮。到汽車旅館，老闆說我的訂單被取消了，巴拉巴拉的說了一堆原因，反正就是沒得住了。時間也不早了，附近的 Motel 多數標示「NO VACANCY」，在絕望之際，看到路尾有一間 BRACH RESORT，姑且一試吧……

親切的老闆娘東看西看，說，還有一間四人房，於是我今晚就住在擁有一個大客廳、大廚房，兩間房間四張床的獨棟小木屋。最是驚喜的，開門走出，就是大海，有白色沙灘的大海（我老家是灰色的沙灘），側邊有許多露營車也在此紮營，小孩在海邊玩耍，三三兩兩的遊客也沐著夕陽餘暉，在沙灘上徒留長排的腳印。

我坐在沙地上，吹吹海風，回到童年時光，偶爾抓起一把沙子，讓它慢慢的從我手中流逝，感受時間一點一點的消失。不同的是，以前總希望時間走快一點；現在，則是期待時光就此凝結，無憂無妄。

〈常日〉

現在約莫是午后六時許。剛剛，我才舒服地在民宿前院游完了泳，洗好澡，好整以暇地坐正餐桌，決定把今天的這些那些記錄下來。

***

早上起床，在屋前伸伸懶腰（陽光很刺眼，應該快十點了），把土司烤得酥酥的，塗上好吃的花生醬，煎一顆全熟的荷包蛋，一片起司，夾在一起，就是美味的早餐。可惜的是，這裡的咖啡不 OK（沒辦法，平常都自己手沖，這即溶咖啡簡直難以忍受），只能咖啡加牛奶，以東施效顰之姿，勉予入口。

退房後，把行李放在車上，不捨離去，於是到海灘前的傘椅下，躲著豔陽看書。一陣又一陣的海風拂面吹來，清爽無比。此刻，我處於某種奇異的狀態，向前平望，是壯闊的海天一色，低首俯視，隨即進入小說幽暗的世界，約莫一小時，忍不住想喝杯「真正的」咖啡。

於是，開車到附近的一個 Shopping Plaza，果然有一間不錯的咖啡店，我點了一杯 Flat White，熱的。滿足了咖啡癮，閒步逛逛，除了幾間日用品店、服飾店及超市外，竟然還有一間不小的書店。我走進尋了一圈，大約三分之二是文具（我想起來了，旁邊好像是一間小學），另三分之一是書籍，書籍分為童書、小說及非小說三類。

我在小說類看了一下，東翻西翻，看到一本今年一月才出版的推理小說（我不認識作者），但前面的情節就頗吸引我，於是花了 30 NZD 買了它，後來又看了一些，還滿會寫的，這作者。就這樣瞎逛（還吃了一份印度料理），時間毫不留情的到了二點半。

就這樣吧，直接前往今晚的住宿（於是，預定前往的 Te Puna Quarry Park，刪除；Mount Maunganui，也刪除）。換言之，我今天哪也沒去，只是從甲住宿到乙住宿……

隨著導航的指引，今天的住宿似乎在山上（我離海越來越遠了）。指示到達一個小小的山坡口（要往上開？），上了一小段陡坡，迎來了綠頂的白色平房。停好車，瘦高的老闆前來伸出手自我介紹，我也寒暄了幾句（怎麼這麼熱情呀）。他領我到住處（其實就是他家隔壁相連的另一間房子），開了門，哇，太令人驚訝了，雖然是老房子（從門、窗的材質及樣式可知），但裡面非常大，而且整潔。

「Ann..., am I alone in this house tonight？」我問，
「Sure. You booking it.」他以燦爛的笑容回應我。

好吧，那我跟你說，這間共有 160 平方米，大約臺灣的50坪。
有大大的客廳、餐廳、廚房，三間房間，兩間衛浴，洗衣間。
打開後門，有一大片草坪。前門有一座游泳池……對的，我擁
有這一切，今晚。

游完了泳，我披著浴巾坐在庭院的椅子上，望著前方的山巒，
那一排排參差各異的樹林，兩隻小黑鳥樹梢飛掠而過，一隻貓
悠閒的（沒看我一眼）在我眼前散步，心想，終有一天，我會
住在類似這樣的房子，這應該是我未來（許多許多年）追求的
目標了。

〈關於〉

某些時刻，我會突然感到悲傷，比如，今天凌晨的五點多。

我從面牆的那一側，翻到左側，張開眼，天還是暗黑的，有些風從窗戶的上緣溜了進來，像是頑皮的孩子進了巨人的花園，一開始總是躡手躡腳的，熟悉後，就任意玩耍，我就是被這冷風掠過耳際髮稍，觸動某些敏感而醒來的。這麼說不太精確，應該是某些敏感被觸動，加上壓抑許久的某些意念，讓我猛然驚醒。

我伸手撥開厚實的窗簾，外面的黑，似乎開始帶點淡淡的水藍與灰白，約莫十幾秒，就會傳來大貨車穿越山風的聲音。引擎聲小，瞬然呼過的，是由山上往下疾馳的貨車；咕隆咕隆，緩慢低沉的，是那費力上山的聯結貨車；偶爾像蜜蜂般，嗡一聲即消逝的，則不知是何方來的小汽車。

除此之外，夜還在，樹也沉沉不語，蟲鳴只是淡淡的，近乎無語。

我試圖理解我的悲傷，在這寂靜的小山上，在這過大的屋子裡，在這個陌生又熟悉的國度。有時，遠離可以更靠近，靠近自己的憂鬱。

我想起年少時，坐在父親左側，奔馳的大卡車，想起了匆匆歲月裡，那漸漸冒出的灰白髮色，還想起這麼多年，自己只有工作，沒有自我，那些失去的，比得到的，多得好多好多……

我起床，走到客廳，發現昨晚忘了關上一道窗，斜坐在古典的高背沙發，蓋上一條灰色的毛毯，繼續讀未完的小說。

看的速度很慢，因為往事不斷地在每個逗點，句點，或者是刪節號浮出。我壓抑著它，它便化為帶刺的悲傷，反抗著我，我究竟無法專心的聽作者說故事。

不知過了多少，就在某個昏沉煩亂的時刻，我聽見了幾聲輕亮的鳥叫，抬頭一望，天竟已濛濛白，透過窗，外面樹的輪廓清晰可見，輪廓邊緣的上方是漸亮的白晝，我似乎看見了搖擺的枝葉，以及枝葉細縫透出的光亮。

悲傷見了，悄悄地躲了起來。

也許，等待黑暗來臨，某個時刻，再次出現。

When love gets strong,
people get weak
Sometimes they lose control and wind up in too deep
They fall like rain,
who let in the rain?

〈末記〉

昨晚，一口氣把《單車失竊記》看完了，時間是午夜二點多。印象最深刻的，其實是他敘寫的大象。有一頭象從小被馴象師馴養，成為緬甸廣闊森林中，最佳的運輸工具。象的腳掌非常厚實，走路非常緩慢而穩重，即便牠在森林中，走到你背後，你也不會發覺。

後來，這大象化成「戰象」，成為二次大戰中，國民黨緬軍的一員。歷經長久戰亂危難，牠終於輾轉到了臺北的「圓山動物園」。牠就是我（及所有臺灣人）從小就熟知的大象「林旺」……

昨晚住宿的是海景套房，那嶄新的電視機，引人開啟電源。哇，有 Netflix，而且有臺灣才上映不久的《陽光普照》。二小時，紀錄片似的拍攝手法，訴說兄弟、父子、朋友複雜交叉的情感，非常值得一看。其中，有些場景也在「木柵動物園」。你應該猜得到我今天會去哪？

「奧克蘭動物園」，YES！每到一個城市，我總會去博物館、美術館，可以快速的理解這裡的風土文化。如果這個城市還有「動物園」，則代表這城市深具人文素養與自然關懷。惟有文明發展到一定程度，才會為市民設置動物園，那是教育與文化理念的具體延伸。

到動物園的車程不遠，半小時即抵達停車場。購票入場後，從非洲動物區開始，找不到第一區的獅子（也許太熱了），接著就是斑馬、長頸鹿、羚羊等，過了個彎，看到約莫一米深的土溝，果真就是非洲象。

剛好有飼養員帶一頭高大的象繞場一周，他摸摸象的側臉，好似說了什麼。接著大象就小心的讓兩支前腳站在一截橫躺的巨

木上，頭左右向觀眾巡迴一下，好像準備發表演說。我站在三米遠的地方，果真聽不到也感受不到腳步聲，牠行進的步伐，只能以優雅二字形容了。

心滿意足地看完了象，又走馬看花的看酷酷獵豹、飛鷹、各種猴子，從非洲到南美洲，再到澳洲……時間其實過得很快，走完一圈，都已經下午三時多了。

這時候去機場實在太早了，於是找了順路的一個開放的植物園，這植物園實在太大了，我走了一個多小時，大概只有整個範圍的四分之一。（途中大概只遇到三個人）完成這個行程，就前往機場，為這十幾天的旅程畫下句點。

完成所有登機手續後，我回顧這段旅程。從地圖看來，本以為是一個大大的圓形，仔細鳥瞰，才發現是一顆水滴狀。這水滴般的旅程中，我甚少言語，大部分以眼睛觀察、耳朵聆聽，那不靈敏的嗅覺也似乎有所調整，我的過敏未曾出現（看來我適合乾熱的天氣）更重要的是，透過思考與書寫，在這水滴般的旅程之中，我把一些去年的窒礙、不如意、悲傷、難過……也點點滴滴地遺落在那廣袤無垠的草場與森林。

重生？
也許。

生日快樂

早上初醒不久，就收到媽媽的 Line 訊息：今天是母難日。早上
9 點 45 分高興你的到來，……。

我笑了一下，回復：謝謝您提早 24 小時給我祝福。（媽媽一
定一臉尷尬）

每年的這一天，媽媽總會貼心的提醒當年的這一天，她很辛苦
的生下我。其實，不只這一天，在我小時候，您辛苦地撫養我
長大，我一直沒忘。

當年爸爸二十歲，是個職業軍人，和媽媽結婚，很快的生下了
我。軍人居無定所，經常要換營區，媽媽就帶著我，在營區
附近租個木造小房子，兩個人一張床，一個擺滿日常用品的桌
子，兩坪左右大小的空間，就是我們生活的全部。

將近七年的期間，幾乎北、中、南許多偏僻鄉野，（比如某個
叫「觸口」的地方）都有我們駐留的足跡。若問我什麼印象
深刻，應該就是假日可開放探親時，媽媽會幫我整理得乾乾淨
淨，衣著整齊進入營區看爸爸。

有好幾次，爸爸會帶我去阿兵哥大澡堂洗澡，那是個偌大的空間，陽光會從高高屋頂上方幾個方形小窗透入，形成明暗相間的效果；中間有座圓形大水池，爸爸幫我全身塗滿肥皂，再用大水瓢，嘩啦嘩啦的往我身上沖。因為水冷，我常一直發抖，逗得其他阿兵哥哈哈大笑。

探親後，又會回到我和媽媽獨處的日子。爸爸只是個小士官，薪水微薄；媽媽就在小木屋前，放了張桌子，不知去哪批了一些糖果餅乾，一罐一罐的，要賣給放假離營的官兵。生意其實不太好，常常只有我倆在門口閒坐。媽媽見我無聊（因為沒有玩伴），就會從罐子裡取出幾顆彩色的糖果給我，喚我到處去走走看看。

我舔著表面甜甜的糖霜，在兩側滿是竹林的鄉間小徑，邊走邊望，想像自己是獨行俠，風一吹來，竹林枝葉幽幽地響，卻又怕得立刻奔回媽媽的身旁。

這樣到處流離的日子，直到爸爸二十八歲退伍，我準備上小學才結束。我想說的是，媽媽，母難不只一日，那是數千個日子，您犧牲青春年華的含辛茹苦。我的生日其實一點也不重要，然而，那段母子相依的日子，永遠值得紀念。

順此謝謝語創夜碩的同學們，前天上課給我的祝福，實在不該一直送我酒，但，送得好！我喜歡。

這綠茶給你

K是我國中同學，現在是某醫院外科主治醫師。

我這次回來南部，要辦一些事，所以多停留一天，於是昨晚我們相約吃個晚餐，喝點小酒。

我們從日本職棒聊到健保給付，還有年輕醫護的從業態度，

我順口提到：你還是每天上午七點都要去病房巡一圈嗎？週六日也還是？

他笑著說：對呀，我習慣了，就是每天一定要去看他們復原的情況。

「這是規定嗎？還是外科的慣例？」我問。

「也沒有啦，就當年帶我的醫師這麼做，我就跟他一樣而已。」他拿起啤酒，邀我碰個杯，說：「來，喝一杯。」

我心想，有些事的堅持，其實也不需要多麼偉大的原因。

早上我去屏東把事辦完後，回高雄的路上，他撥電話給我說他中午有點時間，要幫我用超音波檢查一下，但時間不多，下午他還有門診，要我快點到。

我到醫院診間，敲門進去，只有他一個人，
他仔細的幫我檢查了一番，交代我回臺北要追蹤某些症狀，然
後說，我們去吃碗麵，你再回去吧！

我們走出院區，繞到後面的一條小巷，他說他其實也不常出來
吃，只記得這附近有間麵店。

豔陽下，過了馬路，走了一小段，就到了一間小店，門口掛著
「冷氣開放」的小牌子，麵攤老夫妻招呼我們進去坐著吃。明
明就只是「簡單吃」，Ｋ又點了四道小菜，他問我早上情況如
何，我嘆了氣，說事情又更複雜了。

「看事辦事吧，身體要多照顧才是。」
我們又低頭吃起麵。
忽然，麵店老闆娘走到我們桌旁，說，你就是Ｋ醫生吧？
Ｋ抬起頭，微笑帶點疑惑的點點頭。

老闆娘有點激動的說：「謝謝醫生，謝謝你的好技術，那年我
兩歲的孫子在這裡受傷，我抱去醫院，你很有耐心的慢慢縫著
傷口，技術超級好，到現在都沒有疤痕。太感謝了……」
說著說著，老闆娘就把那孫子拉過來，現在六年級了，要他謝
謝醫生。
Ｋ說：沒有啦，那是他皮膚好，所以沒疤痕……。

我們要離開時，老闆娘快步走去冰箱，拿出了兩瓶綠茶，
「這綠茶給你」，一定要 K 帶走，
外頭站著的老闆也面露微笑的拱手表示一定要收下。
K 只好謝謝、謝謝的接過來。

我要離開前，K 囑咐我近日一定要去教學醫院檢查；
說：「不要煩惱了，這綠茶給你。」

大鵬

從學校出門右轉，拐彎，再拐彎，很快就駛上了臺北連絡道。不久，順行接到北二高，一路向北。

中午時分，日光甚烈，車子的冷氣低吼努力降溫，似乎有些徒勞無功，見其甚憐，我主動調降風量，大白才鬆了口氣似的回復其穩重優雅的姿態。

約莫二十幾分鐘，下了基金公路，左轉，很熟悉的路線。（這條路一直開，約莫一小時，就可以在北海岸畫上一個弧，直達淡水。）經過大武崙，突右轉上坡，再下坡，一片澄澄的海，就在你眼前了，遠眺可見基隆嶼，外木山海灘則在你的右下方。

有經驗的朋友一定知道，北海岸公路由東向西最佳，而且要靠外線行駛，因為你右邊，是一望無際的碧海藍天。

我是那天早上開會時，查谷歌才約莫知道這所國小的位置，可是怎麼也沒有印象，即便我北海岸已經來回駛過數十回了。原來，這所學校就在過核二廠再往前一公里處，過了「知味鄉玉米」不遠，向左岔入一條便道，就到了學校的停車場。

研習開始前，和校長小聊幾句，知是同鄉學長，倍感親切。這是所六班的小學校，總共也十來個老師，老師們都非常年輕，聽講過程十分專注（我很享受這樣交流的氛圍）。

許校長說，偏鄉比較少正式的老師，可能連有教師證的代理、代課老師都不容易找到，但他們都很有教育的熱情，希望我能多分享一些教學專業，讓老師們比較能知所依循。此外，校長、主任爲了提供老師專業的支持，於是幫每位老師準備了我的《貓》和《鯨》兩本書，這學期他們要利用每週二早上逐章導讀討論。聽及此，眞是令人佩服他們對投入教育的熱忱（還有對我的信任^_^）。

其實，我的心目中一直沒有分正式、代理、代課或什麼資歷、學歷的老師，因爲只要認眞負責，以學生學習成長爲己任，並持續自我專業提升的老師，都是最好的老師！
離行前，在校名旁，我看到了引用莊子的〈逍遙遊〉幾句話：
「北冥有魚，其名爲鯤。
鯤之大，不知其幾千里也；
化而爲鳥，其名爲鵬。
鵬之背，不知其幾千里也；
怒而飛，其翼若垂天之雲。」

是呀，
有好老師，才會有好學生，無論所處，皆可爲「大鵬」也！

金門沙灘

「噢，我想起來了，多年前就是住這⋯⋯」
當飯店接駁車緩緩經過幾棵老榕樹，見到其後的「海福飯店」
的門面，我向後座的映萱老師如是說。

是呀，我這金魚般的腦，現在要回想事物太不容易了，
總要依賴某些特定的人事物，方能「勾」起回憶。
今日的金門二十幾度，陰天，風也一陣陣，
也許旅客也少了，增添了幾分蕭瑟與神祕。

我放好東西，換了件輕便的衣服，稍看了一下地圖與方位，
離海邊不遠，怎能不去看看海呢？

順著金門高中的圍牆，我彎向一座體育場旁的小路，
約莫一百公尺，右邊出現了一棟方正的建築，
上面寫著「福建省政府」，所以我現在在福建？
（糟糕，我的臺灣地理，真還給老師了。當年她還把我打得那
麼兇⋯⋯）
再走幾步，以為看到了一個小小的城堡什麼的（但實在太小
了），

原來是「雄獅堡」，看來快關門了，過門不入，
也許因為我似乎看見海了。

眼前的白色沙灘很吸引我，我「自關」一條小徑，來到這迷人
又靜謐的沙灣。

我的故鄉東港，也有沙灘，卻是灰黑色的，回想起來總是有些
嚴肅又帶點憂鬱……
遠方隱約有座島，查了一下，應該是烈嶼；烈嶼後朦朧的、高
高低低的大樓輪廓，應該是大陸的廈門吧！真是遙遙互望的兩
個世界。

沿著沙灘及步道慢慢的走，才知道平時的步伐有多焦急，
在這裡，時間似乎不存在，
直到遠方落霞漸漸沒入海面，粼粼波光映出了漸暗的天色，
我方回到城區，轉入街道，在老街小巷，覓食。
其實，來過金門數次了，
但記憶卻是片斷難以拼湊，
不過，我並不在意，
「健忘的人是幸福的，因為忘記錯誤會過更好。」
尼采如是說。

異鄉的夜

飛機升空後不久，我便沉沉地睡去。

直到機長廣播，即將降落在臺東豐年機場，我向窗外望去，一輪明月初升，底下如點點落下的繁星，是臺東街市的燈火。

我已然抵達另一個城市。

早晨，依約開車去臺北車站接怡辰老師，這是我第一次在西三門接人，我努力地讓自己像個專業的司機，站在客座門旁，直挺站立，希望能在第一時間就認出她，揮手，也許這樣對初來乍到的賓客而言，可以讓平日匆忙的臺北城吐露些許溫暖。

順利接上後，約莫二十分鐘的車程，我們聊了一些對偏鄉，一些對數位閱讀的看法。（天哪，我又想起十八歲剛上臺北，走在重慶南路書店街的震撼），怡辰準備的內容實在太豐富了，（應該只講了一半吧），加上她善於口語表達及適時的互動，二個半小時，讓人意猶未盡。

我的感受是，她是由偏鄉孩子的需求出發，從紙本閱讀的引導，到數位資源與平臺的善用，讓不同程度的孩子，都能因為「數位」而有更佳的學習。這是我近年僅關注於理論與模式的架構，憮然省思的，的確深有所獲（有上次聽葉惠貞老師演講類似的感受）。

中午結束，我搭捷運去參加以前南港國小同事雪珍主任公子的婚宴，除了帶上祝福，也很開心地和曾經照顧我許多的溪東老師、森哥、炫哥、鳳春等同桌敘舊。

不覺間，紅酒一杯又一杯，無勝歡喜，卻也記掛著下午詩瑾老師的研習狀況。於是提早離席，返回北教大研習會場。

和詩瑾老師其實也是一面之緣，緣於上次去高雄龍華國小的計畫訪談，那次我發現多年前我提出的 CORE 數位閱讀教學模式竟然在南臺灣被引入實踐，於是私心地邀請她來分享此模式應用的心得。

我比較晚到，所以坐在後方的位子，看著詩瑾神采飛揚的分享一頁又一頁的學生成果，學員們也不斷的筆記、拍照，我想這應該是一場成功的研習。

研習結束，尚未場地善後，我便匆匆離去，搭往松山機場的方向。

約莫半小時，就收到消息：所有的場復完成。
這是當然的，只要是語創系的助教與學生們承辦的研習，我向來都是放心、安心，非常感謝亭慧、采縈、苡婷等夥伴，從你們配合萬聖節的主題裝扮、海報設計、引導協助，你們是最專業的工作團隊，無庸置疑！

逸青老師在臺東機場接到我後，在送我到住宿的飯店前，特別帶我去買「七里香水煎包」，一家小店，生意很好，回來品嘗後，果然是「在地推薦，品質保證」。

今晚街上的人車特別多，我出去小逛一下，秋風然然，輕涼有意，買了點飲料與小吃，就回到飯店了。

窗外，不遠處的空地搭著一座戲臺，臺前滿了人，耳際傳來歌仔戲花旦斷續的悲哭聲，模模糊糊，似有若無，月亮又升高了些，晴朗的天空顯得更深邃，我喝一口啤酒，頗適合這樣一個異鄉的夜。

大哥水餃和
耐吉球鞋

研習結束，輔導員美玲老師送我到機場，
時光尚早，我小逛一下，決定吃點東西。

這裡唯一提供飲食的店是「知本老爺咖啡」，
有關東煮、小蛋糕，還有水餃。

水餃？我仔細看一下：岩灣大哥水餃。
店員看我的狐疑，說，沒錯，是監獄的大哥包的，很好吃喲！
我爽快的說，來一盤。

監獄對我而言，有種陌生的情感。
父親曾經進去「學習」過，
我的印象也很模糊，
大概只有他大腿上那幅漂亮的「畫」會勾起一些片斷的記憶。
等了一會兒，店員端上了一個大盤子，
約莫十顆左右擠在中間的凹陷處，
水餃皮薄，和著高麗菜的肉餡紮實飽滿，
果真還不錯！

我低頭吃著，瞥見前方客人穿著一雙耐吉的平底鞋，
這鞋子非常面熟，幾乎跟我國中時穿的那雙耐吉一樣。

那年我十三歲，國二，熱衷打籃球，
本來穿著在菜市場買的「將門」球鞋，
看著同學們一個個穿著和NBA球星一樣的耐吉球鞋，
心想，難怪他們打得比我好，
一定是球鞋的原因。

於是，我要求媽媽帶我去買鞋。

我們在市場內一家賣鞋的店，
陳列了幾雙耐吉的鞋，每一雙都要一兩千元以上，
媽媽和我都直搖頭，太貴了。
但我又想提升自己籃球的戰力，
我們挑了一雙 780 元最便宜白色的耐吉，
拿起來，又放下，兩人數次對望，
我們的眼神充滿了掙扎。

最後我決定要放下，轉身向外離開，
媽媽喊我一聲說，就買給你吧！

我興奮的回頭，媽媽說你要好好愛惜它唷，我說好。
雖然現在我忘記到底穿了多久，
但我總記得那時每天穿著它，看著它的心情，
還有媽媽答應買給我時的表情。

噢，今天是媽媽農曆生日，
我一早就傳訊祝福了她，
她說自己也忘了。
但她應該知道，
有些事我們永遠也忘不了，
比如，那雙耐吉的平底鞋。

Always remember us this way

這場整天的研習，
午休時，夥伴問我可不可以播放音樂給大家聽，
這是我近千場研習中，第一次接受這樣要求，
挺新鮮的，我欣然同意。

我想了一下，今天的氛圍，很適合這首歌——
Lady Gaga 的 Always remember us this way，
聽過這首歌的人，搭配原來電影的情節，
大抵知道就是「勿忘初心」的感覺，
當然，也是我對這群老師的敬意。

多年來經常接受學校週三進修的邀約，
至今仍不習慣老師邊改作業、邊聽演講的樣態；
我知道老師有很多的「不得已」或「不意願」，
但這對講師而言，實在是一種明顯的不尊重，
所以也就不太願意接受學校週三單次的研習邀約。
然而，有些研習，即便路程遙遠，也讓人感動不已，
比如這次的南投教師社群。

在利梅老師誠懇的邀約下，

我毫無概念的答應了這週六的社群研習。

想當然耳，我五點多就得起床，一路迢迢先搭到臺中，

再由彰化的美竹老師接我進去魚池。

到了新城國小，才知道原來社群的老師是來自南投、彰化不同學校的老師主動參與，

譬如坐我對面的淑慧老師就從清境開了一小時的車，

下山來聽課的。

我的課，就在冬陽明媚的藍天白雲下，悠悠的展開，

嗯，我喜歡和他們娓娓談聊語文評量的樣子。

語文評量應該是為「學習」而設計的，

每一道題的設計都應該帶有讓學生「再次學習」的意圖，

也就是我常說的 Assessment for learning，

只要我們改變一點點，學習就會多一點。

這個社群，已經走了六、七年了，

在敏而老師、玉貴的陪伴下，走了這麼久，

他們依然求知若渴，虛心面對學生的學習，

真令人感動！

從今爾後，若只是為了週三進修「行禮如儀」的辦理研習，

就別再找我了。

（我只懂語文，簡報也不精美，也不會講笑話……）

但若是像利梅他們一樣的社群，
無論在哪，只要我有時間，
我都會去陪你們聊聊語文，聊聊我們的生活。

人生，總要浪費在美好的事物上，
是吧？

新竹的味

我拿起筆，
鴨香飯大碗，荷包蛋，燙高麗菜，還有貢丸湯。
向牆上望一眼，填上桌號9號。
到樓下結帳後，就回樓上的小圓桌等候送餐。

跟我同桌的是一對年輕男女，他們一起吃一碗鴨香飯，
還有一碗湯；
氣溫8度，他們偎著吃，感覺特別溫暖。
而我，就是一名慕名而來，為滿足回憶的旅人。

在新竹，結束中午的工作後，特別到這家廟口名店用餐，
不僅因為上次第一次吃，覺得很美味，
更是，琪斐老師示範的吃法，印象深刻，
讓我一定要再試一次。
琪斐說，鴨香飯一定要加點未熟荷包蛋，
在地人會將荷包蛋放在飯上，慢慢地攪拌，
讓蛋汁、鴨油及鴨肉充分調和，
我今天再如法炮製，果然，一陣一陣的香氣迎上，
風味絕佳。

美食，是與幸福最短的距離。

完成美食願望之後，
我還想去上次經過，未能成行的美術館之旅。

不知多久以前開始，只要我到訪一座城市，
而這城市有美術館或博物館，
我便想進去參訪。

地方美術館的特色是「在地連結」，無論是人、事，物，
也是認識城市豐富內涵的重要途徑之一。

這次的特展是「新竹擺態」，
兩位攝影藝術家透過他們的鏡頭捕捉新竹的百工圖，
我和照片中的人相望，
不知不覺中，我似乎走進了他們的生活，
看盡了新竹行業百態。

到新竹車站的路途，遇見了九慕咖啡，
又勾起了某些回憶，
不多說，我轉進店裡。

點了一杯薩爾瓦多某莊園日曬、中度烘培的手沖。
坐在原木吧臺前，

右邊是正在看書的女孩，左邊是設計 PPT 的某大學生，店內人多，但很安靜，只有咖啡師淺淺的交談。

彌漫的，除了咖啡香，還有友善的人們，老城市的韻味，滿滿的，新竹的味。

補氣

不知什麼原因，這半年演講邀約越來越多，即使已排到今年底，甚至明年，還是有許多的需求。我又想起自己眼睛的狀況，還有日漸不佳的體力，（每次講完課都很累）於是，暗下決定日後要仔細評估後，才會答應邀約。

例如，今天在雲林的全縣研習，出席的老師顯然就是我在意的一群，他們主動、積極、願意改變。

下午場休息時，我坐下來喝水，一名矯小、身形削瘦的老師，從臺下向我探頭示意，我也點點頭，她便不好意思的走上臺。她說，她在雲林的偏鄉小學任教，今年八月就要退休了，而今天的研習大幅改變她的語文教學觀，讓她重新檢視自己過往的教學與評量。

會後，她要立刻去買我的書來看，還有半年她要調整教學，讓學生學得更好……這樣的話語，直至此刻我仍感動不已。回想小時候到高中，幾乎都沒機會看課外書，我的所知，就只有學校老師、同學及課本。

如同研習結束前，我對老師們說：

我不知道過去中小學階段，老師們對我有什麼影響。

但我明確的知道，如果沒有他們，就沒有今天可以分享付出的我。

謝謝你們，致力為孩子學習而學習的老師！那位老師還特別送我禮物，補補氣，我再繼續努力吧！

望無所望

在司儀的導引下，同學們端正身體，舉案向前，爲實習學校的漢鼎校長、各處室主任及各班師長一一奉茶，敬禮；並獻上束脩（眞的買了肉乾），表示愼重的敬意。

於此，悠揚的音樂襯托著一顆顆誠摯感恩的心；三十分鐘的敬師茶會，於焉禮成。

語創系110級共有35名同學到臺北市蓬萊國小進行爲期三週的「住校」集中實習，沒錯，是住在學校的英語情境中心，但每天早上，我們都會恢復成沒有人來過的樣子。

這期間每個同學都會成爲班導師的「影子」，學習如何班級經營、作業批改，當然也不可或缺的是觀課、教課與議課。

前一晚，我陪他們到九點多，他們各自準備一些教案、教具或整理一些個人用品，有些人洗了澡回來，有些人陪我聊天說地偶爾吹進來的風，有點涼，幸好在學校細心的提供軟墊後，這兩天睡得比較好了。

我和美慧老師也放心了些。

如我們實習手冊最後所寫的一句話：
「相聚一陣子，受用一輩子。」

曾經一起實習過的同學都知道，在多年後，他們總會在某個時刻憶起片段，也許是教學的小技巧，也許是老師叮囑的一句話，也許是某位孩子天真的、真誠的微笑。

此時，我也只能祈禱，「望無所望（妄）」；也期待他們能遇見美麗的人生風景「望無所望」。

星空

We are all in the gutter but some of us are looking at the stars.
（Oscar Wilde）

教材編寫會議結束，已經晚上十點半。
我早已數不清這六年來，到底有多少這樣夜晚，
利用假日或晚上，和夥伴挑燈苦思教材的內容。

以前自信滿滿的寫了一本十三萬字的博士論文，
探究國語文教科書的設計理論與原則，
於是乎，不知天高地厚的接下了教材召集人工作，
這也是我至今最沉重的背包之一。

那每一冊百頁左右的課本及習作，
幾乎每字每句，都斟酌反覆，
也許只是老師課堂中快速帶過的一個語文練習，
可能都歷經了許多的時間探究與編寫，
大抵只有編過教材的朋友方知箇中滋味。

然而，如此的披星戴月，

總有一些力量支持著吧！

一天連續五節課，其實也是挺累的，
但想到久未謀面的郭強生老師，
在學校圖書館有一場「我的文學創作之路」專題講座，
還是喝了杯茶，如時的趕到會場。

強生兄的文學底蘊深厚，人生閱歷更是精彩，
近兩小時的演說，不需簡報，只持麥克風，
便能侃侃而談關於文學創作的諸事。

其中，最觸動我的是，他提及王爾德所說的：
「我們都在陰溝裡；但有些人正仰望著星空。」

是的，每個人或多或少都在生活中掙扎著，
即便是某些孩子，也可能處於生活的困頓處。

我在編寫教材時，
最常想起的就是小時候家中沒有任何課外書，
只有學校教科書、老師的課堂，
能提供我對這偌大世界的想像。
我也曾在年少時陪父親開著大貨車，
夜半疾行於山與海之間的蘇花公路，
黑暗籠罩著一切，

車側黯藍冷淡的太平洋無盡的延伸，
偶爾，我可以看見一輪明月，
無月時，便是點點星光。

我常想，未來，我能否有不一樣的人生，
能否不必在這深深的冬夜，
一站又一站的卸貨、趕貨……

也許很多人對教育有些失望或不滿，
也許的確存在一些問題，
但渺小如我，也只是陰溝裡的一員，
與其抱怨批評，
不如把身邊的小事做好，
我希望我們盡心編寫的教材，
終能成為孩子的星空。

此刻，我想起前些日子去的嘉義東石，
我看見的那些孩子靦腆的笑容，
就好像看見小時候的自己；
他們，就是我們仰望的星空。

國 民 小 學

國 語 課 本

【修訂三版本】

上冊　一年級下學期

桃山

「妳還好嗎？怎麼坐在樓梯？」

我走上牆壁畫有泰雅勇士的樓梯，看見一名小女孩。

「我剛才跌倒了，撞到膝蓋……」

她右手輕撫左腳，眉頭有一點點憂傷。

我走到她身邊，蹲下去問：「要不要帶妳去護士阿姨那？」

「不用了，我坐一下就好了……你是課後班老師嗎？」她抬頭好奇地微笑。

「嗯……我是來上課沒錯。要不要扶妳坐在階梯上？」我有點不放心的問。

「沒關係啦，這裡有書，我看書坐一下就可以走了。」她隨手抽出梯間書櫃的一本繪本。

於是，小女孩就在那小小角落，自成天地進入閱讀的世界。

當初答應中央大學 USR 計畫，只知是「桃山國小」，

沒想到這麼遠，早上從臺北出發，

之後就要從新竹高鐵站轉乘上山了。

載我上山的是一名年輕的白牌司機，

他說他是新竹人，自己都沒來到這麼遠的地方，

那裡應該就是好山、好水、好無聊……

我也沒來過，但此話撩撥了我的好奇心。

也許是中午，也許是山路東彎西繞，也許是忽明忽暗的綠蔭，我望窗外的蔥鬱青山，不久便沉沉睡去。

到了桃山，才知道原來久聞其名的張學良故居及三毛夢屋就在附近，我們早到了一些，我就利用半小時把附近走了一圈，週一沒有遊客，店家也多半關了門，難得的清悠。

其中，印象深刻的是自16歲就陪伴張學良的趙一荻女士（1912—2000），她在東北與張學良一見鍾情後，便一直陪伴他，爲他生子，照顧生活起居，危難時不離不棄，一直到1964年，張學良才在臺北和她登記結婚。

我發現我對她的好奇，遠超過張的事蹟，
尤其在這山居歲月，她是如何安適身心，讓自己終老……

因爲時間的關係，我匆匆走回學校，
也就在樓梯間遇到那可愛的泰雅族女孩。
在桃山的時間，有點慢，也有點快。
慢的是陽光綠意輕輕擺移，
快的是研習分享瞬忽結束，
我也在一晃一搭的下山路途中，
又再次的沉入夢鄉。

人活在世界上，最重要的是有愛人的能力，而不是被愛。
我們不懂得愛人，又如何能被人所愛？
你不認識人生，是沒有認識去愛人的快樂。
　　──〈三毛〉

後記

我們透過語文教學
使學生
知曉如何溝通與表達
理解文學的世界
認識自己
書寫自己
點點滴滴

一生，或安適自得。

謝謝參與此書，豐富我生命的每一個人。

國家圖書館出版品預行編目（CIP）資料

我從天空飛過：國語文教學與日常／許育健
著. -- 初版. -- 臺北市：五南圖書出版股份
有限公司, 2021.08
　面；　公分
　ISBN 978-626-317-041-4(平裝)

1.漢語教學　　2.教材教學　　3.中小學教育

523.31　　　　　　　　　　　110012569

1XLG

我從天空飛過：
國語文教學與日常

作　　者 ― 許育健（234.6）

發 行 人 ― 楊榮川

總 經 理 ― 楊士清

總 編 輯 ― 楊秀麗

副總編輯 ― 黃文瓊

編　　輯 ― 吳雨潔

封面設計 ― 王麗娟

美術設計 ― 賴玉欣

出 版 者 ― 五南圖書出版股份有限公司

地　　址：106台北市大安區和平東路二段339號4樓

電　　話：(02) 2705-5066　傳　　真：(02) 2706-6100

網　　址：https://www.wunan.com.tw

電子郵件：wunan@wunan.com.tw

劃撥帳號：01068953

戶　　名：五南圖書出版股份有限公司

法律顧問　林勝安律師事務所　林勝安律師

出版日期　2021年8月初版一刷
　　　　　2021年9月初版二刷

定　　價　新臺幣360元

本書所引用部分圖片、課文，經翰林出版
事業股份有限公司授權使用。

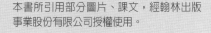

全新官方臉書

五南讀書趣

WUNAN
Books since1966

Facebook 按讚

👍 1 秒變文青

★ 專業實用有趣
★ 搶先書籍開箱
★ 獨家優惠好康

  五南讀書趣 Wunan Books 🔍

不定期舉辦抽獎
贈書活動喔！！

經典永恆・名著常在

五十週年的獻禮 —— 經典名著文庫

五南，五十年了，半個世紀，人生旅程的一大半，走過來了。

思索著，邁向百年的未來歷程，能為知識界、文化學術界作些什麼？

在速食文化的生態下，有什麼值得讓人雋永品味的？

歷代經典・當今名著，經過時間的洗禮，千錘百鍊，流傳至今，光芒耀人；

不僅使我們能領悟前人的智慧，同時也增深加廣我們思考的深度與視野。

我們決心投入巨資，有計畫的系統梳選，成立「經典名著文庫」，

希望收入古今中外思想性的、充滿睿智與獨見的經典、名著。

這是一項理想性的、永續性的巨大出版工程。

不在意讀者的眾寡，只考慮它的學術價值，力求完整展現先哲思想的軌跡；

為知識界開啟一片智慧之窗，營造一座百花綻放的世界文明公園，

任君遨遊、取菁吸蜜、嘉惠學子！